# 조선왕조실록 6

## 인물 해설 편

# 차례
Contents

계보도

## 제1대 태조 가계도

태조
(제1대 왕)

신의왕후 ── 진안대군 방우(芳雨)
         ── **영안대군 방과(芳果), 정종(제2대 왕)**
         ── 익안대군 방의(芳毅)
         ── 회안대군 방간(芳幹)
         ── **정안대군 방원(芳遠), 태종(제3대 왕)**
         ── 덕안대군 방연(芳衍)
         ── 경신공주
         ── 경선공주

신덕왕후 ── 무안대군 방번(芳蕃)
         ── 의안대군 방석(芳碩)
         ── 경순공주

성비 원 씨

정경궁주 유 씨

찬덕 주 씨 ──── 의령옹주

미상 ──── 숙신옹주

# 제2대 정종 가계도

정종 ─┬─ 정안왕후

├─ 성빈 지 씨 ─┬─ 덕천군 후생(厚生)
│              └─ 도평군 말생(末生)

├─ 숙의 지 씨 ─┬─ 의평군 원생(元生)
│              ├─ 선성군 무생(茂生)
│              ├─ 임성군 호생(好生)
│              └─ 함양옹주

├─ 숙의 기 씨 ─┬─ 순평군 군생(群生)
│              ├─ 금평군 의생(義生)
│              ├─ 정석군 융생(隆生)
│              ├─ 무림군 선생(善生)
│              ├─ 숙신옹주
│              ├─ 덕천옹주
│              ├─ 고성옹주
│              ├─ 상원옹주
│              └─ 전산옹주

├─ 숙의 문 씨 ─── 종의군 귀생(貴生)

├─ 숙의 이 씨 ─── 진남군 종생(終生)

└─ 숙의 윤 씨 ─┬─ 수도군 덕생(德生)
               ├─ 임언군 녹생(祿生)
               ├─ 석보군 복생(福生)
               ├─ 장천군 보생(普生)
               ├─ 인천옹주
               └─ 함안옹주

## 제3대 태종 가계도

태종
(제3대 왕) ── 원경왕후 ── 양녕대군 제(褆)
│ 효녕대군 보(補)
│ **충녕대군 도(裪), 세종(제4대 왕)**
│ 성녕대군 종(種)
│ 정순공주
│ 경정공주
│ 경안공주
│ 정선공주

효빈 김 씨 ── 경녕군 비(裶)

신빈 신 씨 ── 함녕군 인(裀)
│ 온녕군 정(裎)
│ 근녕군 농(襛)
│ 정신옹주
│ 정정옹주
│ 숙정옹주
│ 숙녕옹주
│ 숙경옹주
│ 숙근옹주

안 씨 ── 혜녕군 지(祉)
│ 소숙옹주
│ 경신옹주

숙의 최 씨 ── 희녕군 타(袉)

최 씨 ── 후녕군 간(衦)

선빈 안 씨 ── 익녕군 치(袳)

의빈 권 씨 ── 정혜옹주

미상 ── 소선옹주

소빈 노 씨 ── 숙혜옹주

김 씨 ── 숙안옹주

이 씨 ── 숙순옹주

## 제4대 세종 가계도

세종
(제4대 왕) ─── 소헌왕후 ─── **향(珦), 문종(제5대 왕)**
　　　　　　　　　　　　── **수양대군 유(瑈), 세조(제7대 왕)**
　　　　　　　　　　　　── 안평대군 용(瑢)
　　　　　　　　　　　　── 임영대군 구(璆)
　　　　　　　　　　　　── 광평대군 여(璵)
　　　　　　　　　　　　── 금성대군 유(瑜)
　　　　　　　　　　　　── 평원대군 임(琳)
　　　　　　　　　　　　── 영응대군 염(琰)
　　　　　　　　　　　　── 정소공주
　　　　　　　　　　　　── 정의공주

　── 영빈 강 씨 ─────── 화의군 영(瓔)

　── 신빈 김 씨 ─────── 계양군 증(璔)
　　　　　　　　　　── 의창군 강(玒)
　　　　　　　　　　── 밀성군 침(琛)
　　　　　　　　　　── 익현군 곤(璭)
　　　　　　　　　　── 영해군 당(瑭)
　　　　　　　　　　── 담양군 거(璖)

　── 혜빈 양 씨 ─────── 한남군 어(琔)
　　　　　　　　　　　　 수춘군 현(玹)
　　　　　　　　　　　　 영풍군 전(瑔)

　── 상침 송 씨 ─────── 정현옹주

　── 숙원 이 씨 ─────── 정안옹주

## 제5대 문종 가계도

```
문종 ──────┬─── 현덕왕후 ──────┬─── 홍위(弘暐), 단종(제6대 왕)
(제5대 왕)  │                  └─── 경혜공주
           │
           └─── 사칙 양 씨 ──────── 경숙옹주
```

## 제6대 단종 가계도

```
단종 ──────── 정순왕후
(제6대 왕)
```

## 제7대 세조 가계도

세조
(제7대 왕)

├─ 정희왕후 ─── **의경세자 장**(暲: 덕종) ─────── 소혜왕후

　　　　　　　　**해양대군 황**(晄), **예종**(제8대 왕)

　　　　　　　　의숙공주

　　　　　　　　　　　　　　　　월산대군 정(婷)

　　　　　　　　　　　　　**자산군 혈**(娎), **성종**(제9대 왕)

　　　　　　　　　　　　　　　　명숙공주

└─ 근빈 박 씨 ─┬─ 덕원군 서(曙)
　　　　　　　└─ 창원군 성(晟)

## 제8대 예종 가계도

```
예종 ──────┬────── 장순왕후 ──────┬────── 인성대군 분(糞)
(제8대 왕)  │                      └────── 현숙공주
           │
           └────── 안순왕후 ────────────── 제안대군 현(琄)
```

# 제9대 성종 가계도

성종
(제9대 왕)

- 공혜왕후
- 정현왕후 ─── **진성대군 역(懌), 중종(제11대 왕)**
  └─ 신숙공주
- 폐비 윤 씨 ─── **연산군 융(隆), 제10대 왕**
- 숙의 하 씨 ─── 계성군 순(恂)
- 귀인 정 씨 ─┬─ 안양군 항(忼)
  ├─ 봉안군 봉(㦀)
  └─ 정혜옹주
- 숙의 홍 씨 ─┬─ 완원군 수(㦁)
  ├─ 회산군 염(恬)
  ├─ 견성군 돈(惇)
  ├─ 익양군 회(懷)
  ├─ 경명군 침(忱)
  ├─ 운천군 인(忄+寅)
  ├─ 양원군 희(憘)
  ├─ 혜숙옹주
  ├─ 정순옹주
  └─ 정숙옹주
- 숙용 침 씨 ─┬─ 이성군 관(慣)
  ├─ 영산군 전(恮)
  ├─ 경순옹주
  └─ 숙혜옹주
- 귀인 권 씨 ─── 전성군 변(忭)
- 명빈 김 씨 ─── 무산군 종(悰)
- 숙의 김 씨 ─┬─ 휘숙옹주
  ├─ 경숙옹주
  └─ 휘정옹주
- 귀인 권 씨 ─── 공신옹주
- 숙용 권 씨 ─── 경휘옹주

## 제10대 연산군 가계도

```
연산군 ──────┬────── 거창군부인 신 씨 ──────┬────── 폐세자 황
(제10대 왕)  │                              ├────── 창녕대군 성(誠)
             │                              └────── 휘신공주
             │
             └────── 숙의 이 씨 ────────────────── 양평군 인(仁)
```

## 제11대 중종 가계도

```
중종
(제11대 왕)
    ── 단경왕후
    ── 장경왕후 ───────── 효혜공주
                        └── 호(峼), 인종(제12대 왕)
    ── 문정왕후 ───────── 경원대군 환(峘), 명종(제13대 왕)
                        ├── 의혜공주
                        ├── 효순공주
                        ├── 경현공주
                        └── 인순공주
    ── 경빈 박 씨 ─────── 복성군 미(嵋)
                        ├── 혜순옹주
                        └── 혜정옹주
    ── 숙의 홍 씨 ─────── 해안군 희(𡸁)
    ── 희빈 홍 씨 ─────── 금원군 영(岺)
                        └── 봉성군 완(岏)
    ── 창빈 안 씨 ─────── 영양군 거(岠)
                        ├── 이이수
                        ├── 덕흥대원군 초(岹) ───── 하동부대부인
                        │                        ├── 하원군 정(鋥)
                        │                        ├── 하릉군 인(鏻)
                        │                        ├── 하성군 균(鈞),
                        │                        │   선조(제14대 왕)
                        │                        └── 명순
                        └── 정신옹주
    ── 숙의 이 씨 ─────── 덕양군 기(岐)
    ── 숙원 이 씨 ─────── 정순옹주
                        └── 효정옹주
    ── 숙원 김 씨 ─────── 숙정옹주
```

## 제12대 인종 가계도

인종
(제12대 왕) ——————— 인성왕후

## 제13대 명종 가계도

명종
(제13대 왕)
├—— 인순왕후 ——— 순회세자 부(暊)
├—— 순빈 이 씨
├—— 숙의 신 씨
├—— 숙의 정 씨
├—— 숙의 정 씨
├—— 숙의 한 씨
└—— 숙의 신 씨

## 제14대 선조 가계도

```
선조
(제14대 왕)
    ├── 의인왕후
    ├── 인목왕후 ──┬── 영창대군 의(㼁)
    │             └── 정명공주
    ├── 공빈 김 씨 ──┬── 임해군 진(珒)
    │               └── 광해군 혼(琿), 제15대 왕
    ├── 인빈 김 씨 ──┬── 의안군 성(珹)
    │               ├── 신성군 후(珝)
    │               ├── 정원대원군(琈), 원종 ──┬── 인헌왕후
    │               ├── 의창군 광(珖)          ├── 능양군 종(倧),
    │               ├── 정신옹주               │   인조(제16대 왕)
    │               ├── 정혜옹주               ├── 능원군 보(俌)
    │               ├── 정숙옹주               └── 능창군 전(佺)
    │               ├── 정안옹주
    │               └── 정휘옹주
    ├── 순빈 김 씨 ──── 순화군 보(𤣰)
    ├── 정빈 민 씨 ──┬── 인성군 공(珙)
    │               ├── 인흥군 영(瑛)
    │               ├── 정인옹주
    │               ├── 정선옹주
    │               └── 정근옹주
    ├── 정빈 홍 씨 ──┬── 경창군 주(珘)
    │               └── 정정옹주
    └── 온빈 한 씨 ──┬── 흥안군 제(㻩)
                    ├── 경평군 륵(玏)
                    ├── 영성군 계(琗)
                    └── 정화옹주
```

## 제15대 광해군 가계도

```
광해군 ───────┬─── 문성군부인 유 씨 ────── 폐세자 질(侄)
(제15대 왕)    │
              ├─── 숙의 윤 씨 ────── 옹주
              │
              ├─── 훅의 허 씨
              │
              ├─── 숙의 홍 씨
              │
              ├─── 숙의 권 씨
              │
              ├─── 숙의 원 씨
              │
              ├─── 소용 임 씨
              │
              ├─── 소용 정 씨
              │
              ├─── 숙원 신 씨
              │
              └─── 조 씨
```

## 제16대 인조 가계도

인조
(제16대 왕)
─── 인렬왕후 ─── 소현세자 왕(汪)
**봉림대군 호(淏), 효종(제17대 왕)**
인평대군 요(㴠)
용성대군 곤(滾)

─── 장렬왕후

─── 귀인 조 씨 ─── 숭선군 징(澂)
낙선군 숙(潚)
효명옹주

효종
(제17대 왕) ─────┬───── 인선왕후 ──────┬── **연(淵), 현종(제18대 왕)**
                │                    ├── 숙신공주
                │                    ├── 숙안공주
                │                    ├── 숙명공주
                │                    ├── 숙휘공주
                │                    ├── 숙정공주
                │                    └── 숙경공주
                │
                └───── 안빈 이 씨 ──────── 숙경공주

# 제18대 현종 가계도

현종
(제18대 왕) ——— 명성왕후 ——┬— **순(焞), 숙종(제19대 왕)**
　　　　　　　　　　　　　　├— 명선공주
　　　　　　　　　　　　　　├— 명혜공주
　　　　　　　　　　　　　　└— 명안공주

# 제19대 숙종 가계도

숙종
(제19대 왕)

├── 인경왕후 ─── 一女
│                二女
│
├── 인현왕후
│
├── 인원왕후
│
├── 희빈 장 씨 ─── **윤(昀), 경종(제20대 왕)**
│                성수(盛壽)
│
├── 숙빈 최 씨 ─── 영수(永壽)
│                **연잉군 금(昑), 영조(제21대 왕)**
│                五男
│
└── 명빈 박 씨 ─── 연령군 훤(昍)

## 제20대 경종 가계도

경종
(제20대 왕) ——————— 단의왕후

———— 선의왕후

## 제21대 영조 가계도

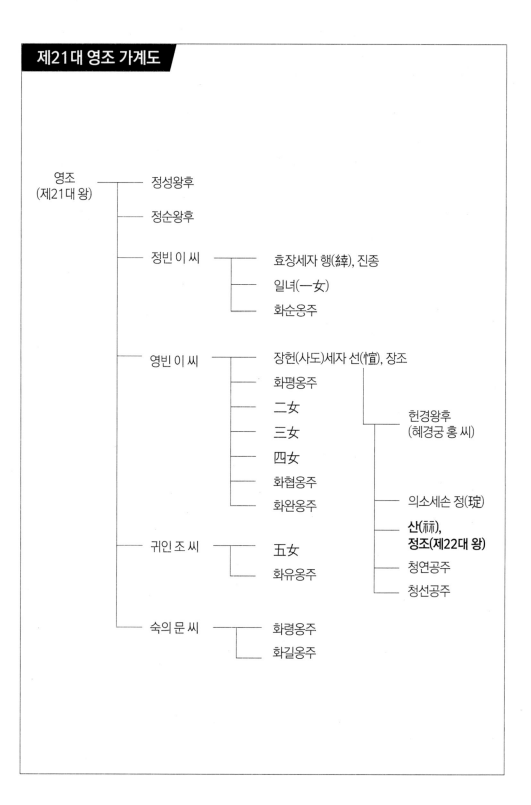

영조
(제21대 왕)

- 정성왕후
- 정순왕후
- 정빈 이 씨
  - 효장세자 행(緈), 진종
  - 일녀(一女)
  - 화순옹주
- 영빈 이 씨
  - 장헌(사도)세자 선(愃), 장조 ── 헌경왕후
    (혜경궁 홍 씨)
    - 의소세손 정(琔)
    - 산(祘),
      정조(제22대 왕)
    - 청연공주
    - 청선공주
  - 화평옹주
  - 二女
  - 三女
  - 四女
  - 화협옹주
  - 화완옹주
- 귀인 조 씨
  - 五女
  - 화유옹주
- 숙의 문 씨
  - 화령옹주
  - 화길옹주

정조
(제22대 왕) ─────┬───── 효의왕후

      ├───── 의빈 성 씨 ─────┬───── 문효세자 순(㻐)

              └───── 一女

      └───── 수빈 박 씨 ─────┬───── **공(玒), 순조(제23대 왕)**

                       └───── 숙선옹주

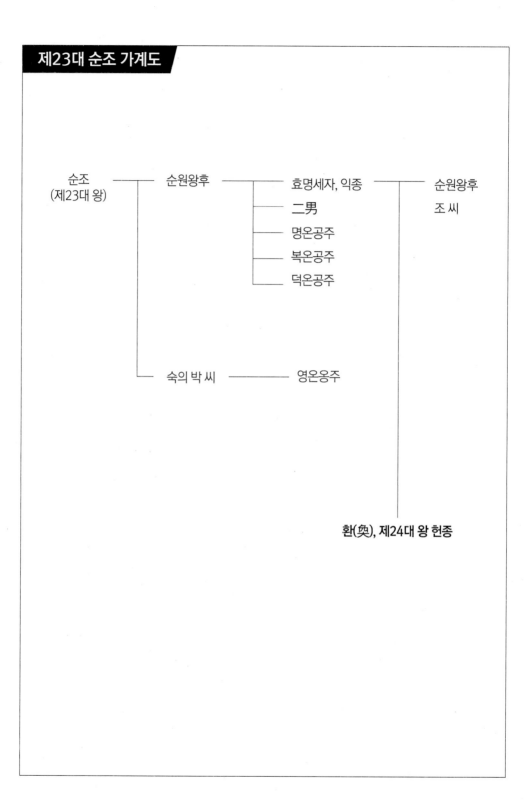

## 제23대 순조 가계도

순조
(제23대 왕)
├─ 순원왕후
│  ├─ 효명세자, 익종 ── 순원왕후
│  ├─ 二男        조 씨
│  ├─ 명온공주
│  ├─ 복온공주
│  └─ 덕온공주
│
└─ 숙의 박 씨 ── 영온옹주

**환(奐), 제24대 왕 헌종**

# 제24대 헌종 가계도

```
헌종 ───────┬───── 효현왕후
(제24대 왕)   │
            ├───── 효정왕후
            │
            └───── 궁인 김 씨 ─────── 一女
```

## 제25대 철종 가계도

```
철종 ───────┬──────  철인왕후  ──────────  一男
(제25대 왕)  │
             ├──────  귀인 박 씨  ──────────  二男
             │
             ├──────  귀인 조 씨  ──────────┬  三男
             │                              └  四男
             │
             ├──────  궁인 이 씨  ──────────  五男
             │
             ├──────  숙의 방 씨  ──────────┬  一女
             │                              └  二女
             │
             │        궁인 김 씨  ──────────  三女
             │
             │        숙의 범 씨  ──────────  영혜옹주
             │
             └──────  궁인 박 씨  ──────────  五女
```

## 제26대 고종 가계도

고종
(제26대 왕)

명성황후
- 一男
- **척(坧), 순종(제27대 왕)**
- 三男
- 四男
- 一女

귀비 엄 씨 —— 영친왕 은(垠)

숙원 이 씨
- 완화군 선(墡)
- 二女

귀인 장 씨 —— 의친왕 강(堈)

소의 이 씨 —— 三女

귀인 양 씨 —— 덕혜옹주

```
순종                    순명효황후
(제27대 왕)

                       순정효황후
```

인물 해설

**강상인**(姜尙仁, ?~1418)

태종이 왕위에 오르는 데 공을 세웠다. 순금사 대호군을 거쳐 1418년 병조참판이 되었는데, 군사 업무를 병권을 지닌 상왕(태종)에게 보고하지 않고 세종에게만 보고해서, 상왕에 의해 녹권과 직첩을 몰수당했다. 이후 용서를 받았지만 전 병조판서 박습 등과 함께 병권이 양분됨은 옳지 않다고 한 말로 인해 다시 하옥되었다. ▶ **1권** 115, 125

**강효문**(康孝文, ?~1467)

1460년 함길도도절제사 양정(楊汀) 휘하에서 여진을 토벌하는 데 공을 세웠다. 1466년 함길도 절도사가 되어 이듬해 관내의 각 진관을 순시하던 도중 길주에서 이시애가 보낸 자객에게 살해되었다. ▶ **2권** 76, 78

**강희안**(姜希顔, 1417~1464)

호는 인제(仁齋). 1445년에 최항 등과『용비어천가』를 주석했다. 1447년 집현전 학자들과『동국정운(東國正韻)』편찬에 참여했다. 시·그림·글씨에 뛰어나 세종 때의 안견·최경 등과 더불어 3절(三絶)이라 불렸다. ▶ **1권** 162, 168

**고경명**(高敬命, 1533~1592)

호는 제봉(霽峰)·태헌(苔軒). 조선 중기의 문인이자 의병장으로, 임진왜란 때 금산싸움에서 왜군과 싸우다가 전사했다. 문집으로는 『제봉집』 등이 있다. 고려 후기의 문신으로 1331년 상주목사록에 제수되었고 전교교감·도평의녹사와 삼사도사를 역임했다. ▶ **3권** 131, 144

**공양왕**(恭讓王, 1345~1394)

본명은 요(瑤). 고려 시대 최후의 임금. 당시 조정은 친원파와 친명파가 극심히 대립했다. 친명파 이성계는 창왕을 폐위시키고, 공양왕을 즉위시켰다. 정몽주를 중심으로 한 기존 정치 세력에 이어 새로 실권을 잡은 이성계에게 실권을 빼앗겼다가, 정몽주가 살해된 후 끝내 폐위당했다. ▶ **1권** 23, 26, 30, 38, 103, 199 **2권** 132 **3권** 12

**곽선**(郭璇, ?~?)

고려 시대의 무신. 1383년 개성부판사로 재직 중 왜구(倭寇)가 김화현(金化縣)·평강현(平康縣)에 침입하자 이를 격퇴하고 그 뒤 원수(元帥)에 임명되었다. 공양왕 때 '윤이·이초의 난'에 연루되어 투옥됐다. ▶ **1권** 110

**곽재우**(郭再祐, 1552~1617)

호는 망우당(忘憂堂). 임진왜란 때의 의병장이며, 붉은 옷을 입고 다녀 '홍의장군'이라고도 불렸다. 1592년 임진왜란이 일어나 선조가 의주로 피란하자, 경북 의령에서 의병을 일으켜 왜군의 북상을 막았다. 이후 관직에 임명되어 여러 차례 공을 세웠다. ▶ **3권** 144

**곽충보**(郭忠輔, ?~1403)

고려 후기~조선 전기의 무신이다. 폐위된 우왕이 전 대한제국대호군 김저·전 부령 정득후와 함께 이성계를 암살해줄 것을 부탁하자 도리어 이성계에게 밀고해버렸기 때문에 '김저의 옥사'가 일어났다. 1392년에 조선이 건국되자 상의중추원사로서 개국원종공신이 되었다. ▶ **1권** 26

**권근**(權近, 1352~1409)

호는 양촌(陽村). 고려 후기~조선 전기의 문신이자 학자로 친명정책을 주장했다. 조선 개국 후, 사병 폐지를 주장해 왕권 확립의 기틀을 마련했다. 길창부원군에 봉해졌고, 대사성·세자좌빈객 등을 맡았다. 문장이 뛰어나고 경학에 밝아 사서오경의 구결을 정했다고 전해진다. 저서로는 『입학도설』『양촌집』『사서오경구결』등이 있다. ▶ **1권** 28, 105 **2권** 132

**권남**(權擥, 1416~1465)

호는 소한당(所閑堂). 교리로서 『역대병요』를 함께 편찬하던 수양대군과 뜻이 통해 그의 참모가 된 뒤 양정 등 무장을 포섭했다. 계유정난 때 정난 1등 공신으로 우부승지에 특진했고, 1455년 세조가 즉위하면서 이조참판이 되었다. ▶ **2권** 40, 44, 56, 57, 82, 99

**권벌**(權橃, 1478~1548)

호는 충재(沖齋)·훤정(萱亭). 조선 중기 중종·인종·명종 때의 문신으로, 명종이 즉위하자 원상에 임명됐다. 을사사화로 위사공신에 올랐지만 정순붕의 반대로 삭훈되고 말았다. 양재역 벽서 사건에 연루돼 유배를 당했다. ▶ **3권** 28, 67, 69, 75, 91

**권상하**(權尙夏, 1641~1721)

호는 수암(遂菴)·한수재(寒水齋). 조선 중기의 학자로 스승 송시열의 유언에 따라 만동묘를 청주에 세웠다. 숙종의 뜻을 받들어 대보단을 세우기도 했다. 이이가 주장하는 기발이승일도설을 지지했다. 문집으로는 『한수재집』이 있다. ▶ **4권** 104, 106-108

**권율**(權慄, 1537~1599)

호는 만취당(晚翠堂)·모악(暮嶽). 조선 중기의 명장으로 금산군 이치 싸움, 수원 독왕산성 전투, 행주대첩 등에서 승리했다. 임진왜란 7년간 군대를 총지휘했다. 바다에서 싸운 이순신과 함께 역사에 남을 큰 공을 세웠다. ▶ **3권** 147, 149 **5권** 35

**권중화**(權仲和, 1322~1408)

호는 동고(東皐). 고려 후기~조선 전기까지 학자이자 문신으로, 권력에 아부하지 않았다고 한다. 고사와 의학·지리·복서에도 조예가 깊었으며, 전서를 잘 썼다. 그가 쓴 글씨로는《회암사 나옹화상비》《광통보제사비의 전액》등이 있다. ▶ **1권** 28, 44

**권철신**(權哲身, 1736~1801)

호는 녹암(鹿庵). 세례명은 암브로시오. 조선 후기 성호학파의 학자였으며 천주교 신자였다. 1777년 경기도 양주에서 서학 교리연구회를 정약전·정약용 등 남인의 실학자들과 함께 열면서부터 본격적인 신앙 생활을 시작했다. ▶ **5권** 16, 18

**기대승**(奇大升, 1527~1572)

호는 고봉(高峰)·존재(存齋). 문재(文材)가 뛰어났고, 고금에 통달해 31세 때『주자대전』을 발췌해『주자문록』세 권을 편찬할 정도였다. 이황의 제자로서 12년 동안 그와 서한을 주고받으며 8년 동안 사단칠정(四端七情)을 주제로 논쟁했다. 저서로는 『고봉집』『주자문록』 등이 있다. ▶ **3권** 81, 113, 162

## 기정진(奇正鎭, 1798~1879)

호는 노사(蘆沙). 조선 후기의 학자로 성리학을 독자적으로 연구함으로써 대성했다. 서경덕·이황·이이·이진상·임성주와 더불어 성리학의 6대가로 불린다. ▶ **5권** 116, 135

## 길재(吉再, 1353~1419)

호는 야은(冶隱). 1386년 진사시에 합격해서 청주목 사록에 임명되지만 부임하지 않았다. 다음 해 성균학정이 되었다가, 1388년에 순유박사를 거쳐 성균박사로 승진했다. 조선이 건국된 뒤 1400년에 이방원이 태상박사에 임명했지만 두 임금을 섬기지 않겠다는 뜻을 밝히며 거절했다. ▶ **1권** 38 **2권** 146, 149 **3권** 21, 161

## 김굉필(金宏弼, 1454~1504)

호는 사옹(蓑翁)·한훤당(寒暄堂). 16세기 기호사림파의 주축을 형성했고 1610년 정여창·조광조·이언적·이황 등과 함께 5현으로 문묘에 배향됨으로써 조선 성리학의 정통을 계승한 인

물로 인정받았다. ▶ **2권** 149, 180 **3권** 21, 30, 95, 161~163, 166

## 김구주(金龜柱, 1740~1786)

조선 후기의 문신으로 당시 세손이었던 정조의 외조부인 홍봉한을 모함했다. 이때부터 시파와 벽파의 대립이 싹트기 시작했는데, 1776년 정조가 즉위하자 흑산도로 유배되었다. 1784년 나주로 옮겨졌으나 죽고 말았다. ▶ **4권** 165~167 **5권** 12, 30, 95

## 김대건(金大建, 1821~1846)

한국 천주교 최초의 신부이자 순교자로 세례명은 안드레아다. 한국인으로서는 최초로 미사를 집전했다. 충청남도 강경에 잠입해 각지를 순방하면서 비밀리에 신도들을 격려하고 전도했다. 그러다 체포되어 스물여섯의 나이로 순교했다.

▶ **5권** 42, 47

## 김득배(金得培, 1312~1362)

호는 난계(蘭溪). 1361년 홍건적 20만이 다시 압록강을 건너와 삭주·이성에 침입하자, 서북면도병마사가 되어 성을 방어했다. 그러다 안주에서 대패하자 개경까지 함락되고 말았다. 이듬해 안우·이방실·최영·이성계 등과 함께 20만의 군사를

이끌고, 총병관 정세운의 지휘로 적 10여 만을 죽이고 개경을
수복했다. ▶ **1권** 14, 29

### 김만기(金萬基, 1633~1687)

호는 서석(瑞石)·정관재(靜觀齋). 조선 후기의 문신으로 광성
부원군에 봉해졌다. 총융사를 겸해 병권을 장악했다는 이유
로 남인의 질시를 받았다. ▶ **4권** 71, 76, 81, 85, 99, 100

### 김문기(金文起, 1399~1456)

호는 백촌(白村). 1430년 예문관검열·정언·함길도관찰사를
역임하고 공조판서에 이르렀다. 단종 복위의 모의에 가담했
다가 이개 등과 함께 처형됐다. ▶ **2권** 45

### 김사형(金士衡, 1333~1407)

호는 낙포(洛圃). 고려 후기~조선 전기의 문신으로 문하시랑
찬성사로 판상서사사와 병조전서를 겸임했다. 이후 개국 1등
공신에 책록되었고, 문하우시중에 상락백으로 봉해졌다.
▶ **1권** 46, 142

### 김상헌(金尙憲, 1570~1652)

호는 청음(淸陰)·석실산인(石室山人). 조선 중기의 문신으로 정

묘호란이 일어났을 때 진주사로 명나라에 가 구원병을 청했다. 돌아와서는 후금과의 화의를 끊을 것과 강홍립의 관직을 복구하지 말 것을 주장했다. 저서로는 『야인담록』 등이 있다.

▶ **4권** 30, 49 **5권** 25, 57

### 김석주(金錫胄, 1634~1684)

호는 식암(息庵). 조선 중기의 문신으로 현종 때 제2차 예송이 일어나자, 허적 등과 결탁해 송시열 등을 숙청했고 경신환국을 일으켜 남인 세력을 제거했다. 하지만 같은 서인의 소장파로부터 반감을 사 서인이 노론·소론으로 분열되는 원인이 되었다. ▶ **4권** 70, 72, 77, 80, 83-85, 91, 100

### 김성일(金誠一, 1538~1593)

호는 학봉(鶴峯). 조선 중기의 정치가이자 학자로 지방관 시절 선정을 베풀었고, 주리론을 계승했다. 1590년 통신부사로 일본에 파견되었다가 돌아와 민심을 고려해 일본이 침입하지 않을 것이라고 보고했다. 임진왜란 시 경상도 관찰사로서 의병 활동을 했다. ▶ **3권** 120, 136, 155, 157

### 김승규(金承珪, ?~1453)

조선 중기의 문신이자 김종서의 아들이다. 1452년 사복소윤을 거쳐 1453년 병조참의에 이르렀다. 그해에 계유정난을 일으킨 수양대군이 보낸 하수인에 의해 김종서와 함께 죽임을 당했다. ▶ **2권** 42

## 김시습(金時習, 1435~1493)

호는 매월당(梅月堂)·동봉(東峰)·청한자(淸寒子). 생육신의 한 사람으로, 조선 전기의 학자이다. 유교·불교 정신을 아울러 포섭한 사상과 탁월한 문장으로 한 시대를 풍미했다. 한국 최초의 한문 소설 『금오신화』와 『산거백영』을 썼다. ▶ **2권** 61

## 김식(金湜, 1482~1520)

호는 사서(沙西)·동천(東泉). 조선 전기의 문신이자 학자로, 사림파의 대표적 인물 중 한 사람이다. 조광조 등과 도학 소장파를 이루어, 왕도 정치의 실현을 위해 미신 타파, 향약 실시, 정국 공신 위훈 삭제 등의 개혁 정치를 폈다. ▶ **3권** 28, 37, 59, 109 **4권** 50

## 김안국(金安國, 1478~1543)

호는 모재(慕齋). 사림파의 학통을 계승했고 성리학의 실천·보급에 주력했다. 각 고을에 『소학』을 보급하고, 각종 농서와 의서도 널리 간행해 향촌민들을 교화시키는 데 힘을 썼다.

1519년 기묘사화가 일어나 조광조 일파가 실각하자 이에 연루되어 파직되었다. ▶ **3권** 30-32, 91, 108

## 김안로(金安老, 1481~1537)

호는 희락당(希樂堂). 조선 전기의 문신으로, 권력을 남용해 탄핵을 받아 유배되기도 했으나 다시 기용되었다. 문정왕후의 폐위를 도모하다가 체포되어 유배되고 사사되었다. 허항·채무택과 함께 정유삼흉으로 불린다. ▶ **3권** 48, 54, 56, 70, 111

## 김옥균(金玉均, 1851~1894)

호는 고균(古筠)·고우(古愚). 조선 후기의 정치가로서 갑신정변을 주도했다. 1884년 12월 4일 우정국 청사의 낙성연을 계기로 한규직 등 수구파를 제거해버린 갑신정변 이후 호조참판으로 국가 재정의 실권을 잡았다. 하지만 정변은 삼일천하로 끝이 났고 그는 일본으로 망명했다. ▶ **5권** 142-145, 147

## 김우명(金佑明, 1619~1675)

조선 중기의 문신이자 현종의 장인이다. 송시열과 같은 서인이었으나, 남인 허적에 동조했다. 남인 윤휴 등과 알력이 심해지자 벼슬을 포기하고 두문불출했다. ▶ **4권** 62, 77-79

## 김우옹(金宇顒, 1540~1603)

호는 동강(東岡)·직봉포의(直峰布衣). 명종·선조 때 여러 관직을 역임했고, 1599년 한성부좌윤이 되어 모함에 빠진 유성룡의 억울함을 풀어 주었다. 저서로는『동강문집』등이 있다.

▶ **3권** 113, 120, 142, 157

## 김유(金瑬, 1571~1648)

호는 북저(北渚). 조선 중기의 문신으로 인조반정 때 정사 1등 공신에 책록되었다. 인조 초·중반의 정국을 주도했다. 그러나 병자호란 이후로는 정치적 입장 표명보다는 왕의 곁에서 무슨 일이든 원만히 처신했다고 전한다. ▶ **3권** 194 **4권** 15, 18, 34, 43

## 김육(金堉, 1580~1658)

호는 잠곡(潛谷). 조선 중기의 문신으로 17세기 후반의 공납제도의 폐단을 혁파하기 위해, 대동법 실시를 주장했다. 그 외에도 그가 도입한 수차 사용·화폐 통용·역법의 개선 등은 훗날 등장할 실학사상과도 관련이 깊었다. ▶ **4권** 5, 43, 51-55, 62, 76

## 김자점(金自點, 1588~1651)

호는 낙서(洛西). 조선 중기의 문신으로 이귀 등과 인조반정을 성공시켰다. 효종이 즉위하고 송시열 등 사림 세력의 등용으로 북벌론이 대두하자 위협을 느끼고 청나라에 누설했다. 이후 아들인 익의 역모 사건에 휘말려 함께 처형당했다. ▶ **4권** 4, 14, 19, 43, 48-51, 54

## 김저(金佇, ?~1389)

시중 최영(崔瑩)의 생질로, 우왕 때 대호군으로 최영 밑에서 오랫동안 군사 활동을 했다. 최영이 이성계 일파에 의해 죽은 이듬해인 1389년 폐왕 우(禑)를 만나 이성계를 살해하라는 부탁을 받고 돌아와서, 곽충보와 모의해 팔관회에 참석하는 이성계를 살해하기로 결정했다. 우왕의 복귀를 모의한 이른바 김저의 옥사는 곽충보가 이성계에게 밀고하는 바람에 실패로 돌아갔다. ▶ **1권** 26

## 김정(金淨, 1486~1521)

호는 충암(沖菴)·고봉(孤峯). 조선 전기의 문신이자 학자로, 일찍이 사림 세력을 중앙 정계에 추천했고, 조광조의 정치적인 성장을 뒤에서 도왔다. 사림파의 대표적인 존재로서, 세력 기반을 굳히기 위해 현량과 설치를 적극 주장하기도 했다. 저서로는 『충암집』이 있다. ▶ **3권** 19, 28, 38, 59, 91, 109

**김정호**(金正浩, ?~1866)

호는 고산자(古山子). 조선 후기의 지리학자로《청구도》《동여도》《대동여지도》를 만들었다. 특히《대동여지도》는 조선 시대의 가장 정확하고 과학적인 실측 지도로 평가받고 있다. 뿐만 아니라 19세기 조선의 국토에 관련한 정보를 집대성하고 체계화했다. ▶ **5권** 83-87

**김종서**(金宗瑞, 1383~1453)

호는 절재(節齋). 1433년 야인의 침입을 격퇴한 뒤 6진을 설치해 두만강을 경계로 하는 국경선을 확정했다. 지혜와 용맹을 모두 가졌지만, 수양대군에 의해 1453년 두 아들과 함께 집에서 격살되고 대역모반죄라는 누명까지 쓴 채 효시됨으로써 계유정난이라는 비극의 첫 희생자가 되었다. 저서에는『제승방략』이 있다. ▶ **1권** 10, 140, 148, 201 **2권** 4, 28, 34-38, 40, 42, 45-47, 65, 82, 172

**김종수**(金鍾秀, 1728~1799)

호는 몽오(夢梧)·진솔(眞率). 조선 후기의 문신으로 영조 때 관직을 지내다가 당폐를 일으킨 죄로 1772년에 유배되었다. 1778년에 정조가 그를 다시 기용해서 승지에서부터 대제학·우의정·좌의정을 역임했다. ▶ **4권** 166, 177, 185, 190, 198

**김직재**(金直哉, 1554~1612)

조선 중기의 문신으로 1573년 생원시에 급제했고, 1585년 식년시에 급제해 승문원박사가 되었다. 1612년 진릉군(晉陵君)을 왕으로 추대하려 역모를 꾸몄다는 이유로 투옥되었으며, 결국 아들·사위 등과 함께 처형당했다. ▶ **3권** 183

**김질**(金礩, 1422~1478)

호는 쌍곡(雙谷). 1455년 성균관사예가 되고, 다음 해 성삼문 등과 단종 복위의 거사를 꾀했지만 여러 번 기회를 놓치고 위험을 느꼈다. 결국 동지들을 배반하고 세조에게 고변해, 이른바 사육신 사건을 일으켰다. ▶ **2권** 58, 60

**김집**(金集, 1574~1656)

호는 신독재(愼獨齋). 조선 중기의 문신으로 만년에 예학(禮學) 연구에 집중했다. 아버지 김장생과 함께 예학의 기본 체계를 완성했다. 그의 수제자로는 송시열이 있다. 문집으로는 『신독재유고』가 있다. ▶ **4권** 5, 28, 30, 49, 51-53, 76, 86, 197

**김처선**(金處善, ?~1505)

조선 전기의 환관(宦官). 여러 왕을 시종했으며, 직언을 잘 하는 편이라 관직을 삭탈당하고 유배되기도 했으나 곧 복직되었다. 연산군 때 연산군이 스스로 창안한 처용희를 벌여 음란함이 극에 달하자, 옳은 말을 하다가 죽임을 당했다. ▶ **2권** 184

## 김천일(金千鎰, 1537~1593)

호는 건재(健齋). 조선 중기의 문신이자 의병장으로 임진왜란 때 고경명 등과 함께 나주에서 의병을 일으켰다. 서울에 결사대를 잠입시켜 싸우고, 명나라 제독 이여송의 군대를 도왔으며, 진주성이 함락되자 투신해 목숨을 끊었다. ▶ **3권** 145

## 김홍집(金弘集, 1842~1896)

호는 도원(道園)·이정학재(以政學齋). 조선의 문신이자 마지막 영의정. 을미사변 후 일본의 압력 때문에 을미개혁을 실시하다가 의병들의 규탄을 받았다. 세 차례에 걸쳐 내각을 성립시켰지만 자신의 주장을 실현하기도 전에 군중에게 살해되고 말았다. 저서로는 『이정학재일록』이 있다. ▶ **5권** 8, 136, 143, 162, 167, 169

## 김효원(金孝元, 1542~1590)

호는 성암(省庵). 조선 중기의 문신으로 명종 말~선조 초 훈구파가 몰락하고 사림파가 떠오를 때 소장관인의 대표 격인 인물이다. 동인과 서인으로 나뉘는 이른바 붕당을 만든 인물로

평가된다. ▶ **3권** 7, 115-119, 153

**남구만**(南九萬, 1629~1711)

호는 약천(藥泉)·미재(美齋). 조선 후기의 문신이자 서인으로서 남인을 탄핵했다. 우의정과 좌의정을 거쳐 영의정까지 지냈다. 기사환국 후에 멀리 유배되기도 했다. 문집으로는『약천집』이 있다. ▶ **4권** 82, 102-104, 128

**남궁억**(南宮檍, 1863~1939)

호는 한서(翰西). 독립협회에서 활약한 독립운동가이자 교육자·언론인이다. 양양군수·대한협회장·관동학회 회장 등을 역임하고 배화학당 교사로 지내면서 교과서 편찬에 관여하고 교회와 학교를 세웠다. ▶ **5권** 176

**남급**(南汲, ?~?)

조선 전기의 과학자이자 음악가로 1430년 악학별좌로 박연과 함께 조회악기를 제작하고, 다음 해에는 박연·정양 등과 함께 회례악기를 만들었다. ▶ **1권** 161

**남사고**(南師古, 1509~1571)

호는 격암(格庵). 조선 중기의 학자로, 효심이 깊고 청렴하기로 정평이 났다. 역학·풍수·천문·복서·관상에 도통했다. 특히 풍수학에 조예가 깊어 전국의 명산을 찾아다니며 많은 일화를 남겼다. 문집으로는 『격암일고』가 있다. ▶ 3권 152

## 남은(南誾, 1354~1398)

시호는 강무(剛武). 조준·정도전·윤소종·조박, 형 재(在)와 함께 이성계 일파로 활약했다. 정도전 등 52인과 함께 이성계를 추대하고 조선 개국에 협력해 개국 1등 공신에 책록, 중추원판사가 되어 의성군에 봉해졌으며, 문하부참찬사 겸 상서원판사·우군절제사에 이르렀다. 1398년 제1차 왕자의 난 때 정도전과 함께 방원에게 살해되었다. ▶ 1권 60, 81, 108

## 남이(南怡, 1441~1468)

조선 세조 때의 무신으로 이시애의 난·건주여진 정벌 등에서 공을 세워 세조의 총애를 받았지만 세조가 죽은 후 역모에 몰려 처형되었다. ▶ 2권 6, 77, 91, 95, 98-102, 114, 170

## 남이공(南以恭, 1565~1640)

호는 설사(雪簑). 1597년 정유재란 때 체찰사 이원익의 종사관이 되어 이발·정인홍 등과 북인의 수뇌로 당쟁에 가담하고, 유성룡이 왜구와의 화의를 주장했다고 하며 탄핵했다. 문집

으로는 『설사집』이 있다. ▶ **3권** 120, 158-160

**남재**(南在, 1351~1419)

호는 구정(龜亭). 진사시에 합격한 뒤 좌부대언을 지내고, 동생 은(誾)과 함께 이성계를 도와 조선 개국에 공을 세웠다. 1392년 포상을 피해 은거했지만 태조에게 처소가 알려져 재(在)라는 이름을 하사받았다. 이후 개국 1등 공신에 책록, 중추원학사 겸 대사헌이 되고 의성군에 봉해졌다. 문집으로는 『구정유고』가 있다. ▶ **1권** 44, 107, 142  **2권** 150

**남효온**(南孝溫, 1454~1492)

호는 추강(秋江)·행우(杏雨). 생육신 중 한 사람. 1478년 세조에 의해 물가에 이장된 단종의 생모 현덕왕후의 능인 소릉의 복위를 상소했으나 상달되지 못하자 실의에 빠져 유랑 생활로 생애를 마쳤다. 저서로는 『추강집』 『추강냉화』 등이 있다.
▶ **2권** 61, 150, 180

**노중례**(盧重禮, ?~1452)

조선의 의학자로서, 부인병을 치료하는 데 탁월한 능력을 보였다. ▶ **1권** 190

## 덕안대군(德安大君, ?~?)

이방연(李芳衍). 태조의 여섯째 아들로, 1385년 사마시에 합격해 성균박사가 되었으나 직후에 사망했다. 조선 건국 후 원윤에 증직됐다. ▶ **1권** 32

## 덕종(德宗, 1438~1457)

세조의 아들이자 성종의 아버지. 1445년 도원군(桃源君)에 봉해지고 1455년 세자로 책봉되었으나, 즉위하기 전에 20세의 나이로 죽었다. 1471년 덕종으로 추존됐다. ▶ **2권** 9, 55, 92, 105, 106, 112

## 도신징(都愼徵, 1604~1678)

호는 죽헌(竹軒). 조선 중기의 문신으로 인선왕후가 죽고 자의대비의 복상 문제가 일어났을 때 기년설을 관철시키고 서인 세력을 몰아냈다. ▶ **4권** 68-71

## 맹사성(孟思誠, 1360~1438)

호는 고불(古佛)·동포(東浦). 조선 전기의 문화를 형성하는 데 크게 기여한 고려 후기~조선 전기의 명재상. 세조 때 이조판서로 예문관 대제학을 겸했고 우의정의 위치에 올랐다. 좌의정이 되고 나서는 『팔도지리지』를 찬진했다. 그가 직접 쓴

작품으로는 『강호사시가』가 있다. ▶

## 명성황후(明成皇后, 1851~1895)

조선의 황후로, 1866년 흥선대원군의 부인 민 씨의 추천으로 왕비에 책봉되었다. 고종에게 친정(親政)을 선포케 함으로써 민 씨의 외척 정권이 수립되도록 했다. 이때부터 대원군 계열의 인사들을 모두 숙청하고 쇄국 정책을 폐해 일본과 외교 관계를 맺었다. 이로 인해 친일파가 정권을 잡게 되자 러시아와 접촉해 일본을 쫓아내려 했지만, 일본에서 보낸 자객들에 의해 살해되고 말았다. ▶

## 무학(無學, 1327~1405)

무학대사. 법명은 자초(自超). 1344년 18세에 출가해 소지선사의 제자로 승려가 되어 구족계를 받았고 혜명국사에게 불법을 배웠다. 고려 후기 퇴락하는 불교를 비판했고, 이성계를 만난 후 그가 새로운 왕이 될 것이라 예견했다. 1392년 조선이 개국하자 왕사가 되어 회암사에서 지냈다. ▶

## 문정왕후(文定王后, 1501~1565)

조선의 제11대 왕 중종의 계비이자 명종의 어머니. 명종이 즉위한 후 수렴청정을 했다. 대윤 윤임 일파를 몰아내어 을사사화를 일으켰다. 유교를 숭상하는 분위기 속에서 불교의 중흥을 도모했다. ▶ **3권** 5, 17, 48, 51, 55, 58-63, 65, 73, 74, 76-82, 89, 97-100, 107

## 민무구(閔無咎, ?~1410)

여흥부원군 민제의 아들. 태종비 원경왕후의 동생. 제1차 왕자의 난 때 공을 세워 정사 1등 공신에 책록되어 여강군에 봉해졌다. 1402년에는 승추부참지사가 되었다. 1407년 동생 민무질·신극례 등과 어린 세자를 이용해 권세를 잡으려 했다는 이유로 연안·제주도로 유배되었고, 이곳에서 동생 민무질과 함께 사사되었다. ▶ **1권** 60, 81-84, 110 **2권** 90

## 민무질(閔無疾, ?~1410)

민무구의 동생. 형 민무구와 함께 어린 세자를 이용해 권력을 잡으려고 했다는 죄목을 받아 탄핵됐다. 대구·제주도로 유배되었으며 형과 함께 사사되었다. 6년 뒤엔 동생인 민무휼과 민무회까지 사사되고 말았다. ▶ **1권** 60, 81-84, 87, 110 **2권** 90

**민무회**(閔無悔, ?~1416)

태종비 원경왕후의 동생. 1403년, 사은사로 명나라에 다녀왔으며 그해 여흥군에, 1407년 이성군에, 1410년 여산군에 봉해졌다. 1414년, 한성부윤을 거쳐 이듬해엔 공안부윤을 역임했다. 1415년에 형 민무휼과 같은 이유로 청주에 유배되었다가 사약을 받아 죽었다. ▶ **1권** 81, 84, 110

**민무휼**(閔無恤, ?~1416)

태종비 원경왕후의 동생. 1403년 명나라에 다녀왔고 여원군에 봉해졌으며, 돈녕부지사가 됐다. 1415년 불충한 말을 했다는 이유로 탄핵 당해 해풍에 유배되었고 동생 민무회와 함께 사사당했다. ▶ **1권** 81, 84, 110

**민신**(閔伸, ?~1453)

시호는 충정(忠貞). 병조·이조 판서를 지냈으며 김종서 등과 함께 어린 단종을 보호했는데, 그로 인해 수양대군 일파와는 적이 되었다. 수양대군이 계유정난을 일으켰을 때 다섯 아들과 함께 참살되었다. ▶ **2권** 40

**민제**(閔霽, 1339~1408)

호는 어은(漁隱). 원경황후 민 씨의 부친. 조선 개국 이후 태종 때 영례조사·문하우정승이 되었다. 1401년 국구로서 여흥백에 봉해졌고 이듬해 좌명공신으로 부원군의 봉작을 받았다.

▶ **1권** 79, 108, 110

**민종식**(閔宗植, 1861~1917)

호는 퇴초자(退樵子). 1905년 을사조약이 체결되자 홍주에서 의병을 일으켜 항일 운동을 전개하다가 패배했다. 공주에 은신하던 중 체포되어 1907년 평리원에서 사형 선고를 받았으나 법부대신 이하영의 도움으로 감형되었다. ▶ **5권** 183

**민진원**(閔鎭遠, 1664~1736)

호는 단암(丹巖)·세심(洗心). 조선 후기의 문신이자 인현왕후의 오빠이다. 『숙종실록』 『경종실록』 등의 편찬에 참여했고 노론의 영수로 활약했다. 문장이 뛰어났고 글씨에 능했다. 저서로는 『단암주의』 등이 있다. ▶ **4권** 108, 117, 130, 132

**박규수**(朴珪壽, 1807~1876)

호는 환재(瓛齋). 조선 후기의 문신이자 개화 사상가로 박지원의 손자이다. 개화파 형성에 결정적인 역할을 했으며, 1875년 척화론을 물리치고 일본과 수교를 주장했다. 그 결과 조선은 일본과 조일 수호 조약을 맺게 되었다. ▶ **5권** 78, 120, 132, 142

**박석명**(朴錫命, 1370~1406)

호는 이헌(頤軒). 1392년 조선이 개국되자, 귀의군 왕우(공양왕의 동생)의 사위라는 이유로 화를 피하고, 7년간 은거했다. 1399년 좌산기상시로 기용되고, 이어 안주목사를 거쳐 도승지가 되었다. 이듬해 정종이 태종에게 선위하자 「교서」를 가져가서 태종을 옹립했다. 태종에게 황희를 천거할 정도로 안목이 남달랐다. ▶ **1권** 86

**박세채**(朴世采, 1631~1695)

호는 현석(玄石)·남계(南溪). 조선 후기의 문신이자 성리학자다. 영·정조 때에 이르러 탕평책의 중요한 기반을 제공한 황극 탕평설을 구체화했다. 저서로는 조선 시대 성리학자의 계보를 정리한 『동유사우록』이 있다. ▶ **4권** 93-95, 126-128

**박순**(朴淳, 1523~1589)

호는 사암(思菴). 서경덕의 문인으로 1572년 영의정에 올라 14년간 재직했다. 당쟁이 극심한 가운데 이이·성혼을 편들다가 서인으로 지목되어 탄핵을 받아 영평 백운산에 은거했다. 시(詩)·문(文)·서(書)에 모두 뛰어났으며, 문집으로는 『사암문집』이 있다. ▶ **1권** 86, 88 **3권** 81, 120, 131, 184

**박습**(朴習, ?~1418)

태종 때 강원도관찰사·인령부윤을 지내고, 1417년 대사헌에 임명되어 방간 등의 죄를 다스릴 것을 상소하나 이루지 못했다. 1418년 병조판서 재임시 태종에게 병사(兵事)를 품의하지 않고 처리한 죄로 사천에 유배되어 참수됐다. ▶ **1권** 115

**박연**(朴堧, 1378~1458)

호는 난계(蘭溪). 세종이 즉위한 후 악학별좌에 임명되어 악사를 맡았다. 1427년 편경 12장을 만들고 음률에 정확을 기했다. 1445년 명나라에 다녀와서 인수부윤·중추원부사를 역임한 후 예문관 대제학에 올랐다. 고구려의 왕산악, 신라의 우륵과 함께 한국 3대 악성으로 추앙되고 있다. 시문집으로는『난계유고』『가훈』이 있다. ▶ **1권** 122, 159-161

**박영효**(朴泳孝, 1861~1939)

급진 개화파로 1884년 갑신정변을 주도했던 구한말의 정치가이다. 김옥균·홍영식·서광범 등 유대치를 중심으로 한 개화당 요인들과 결속했다. 일본을 이용해 청나라의 간섭과 러시아의 침투를 막는 일에 공을 들였다. ▶ **5권** 56, 142, 147, 162

## 박원종(朴元宗, 1467~1510)

1506년 성희안·유순정 등과 함께 중종반정의 주도적인 역할을 맡아 정국 1등 공신에 책록됐다. 1507년에는 이과의 옥사를 다스린 공으로 정난 1등 공신에 책록됐다. ▶ **2권** 186-188 **3권** 14-17, 34

## 박윤덕(朴允德, ?~?)

세종의 명으로 노중례 등과 함께 삼국·고려 시대를 통해 전해오던 모든 의약방서·민간경험방 등을 수집하며 3년에 걸쳐 『향약집성방』 85권을 편찬했다. 매우 귀중한 자료로 현재까지 남아 있다. ▶ **1권** 190

## 박은(朴訔, 1370~1422)

호는 조은(釣隱). 고려 후기~조선 전기의 문신으로 개국 후 두 차례에 걸쳐 일어난 왕자의 난 때 공을 세워 좌명공신에 책록됐다. 의금부판사 때 합리적인 형정 제도를 시행했고 우의정·좌의정 등을 지냈다. ▶ **1권** 112, 115, 118, 125, 143

## 박응서(朴應犀, ?~1623)

영의정 순(淳)의 서자로 이른바 강변칠우(江邊七友) 중 한 사람이다. 같은 서자 출신인 심우영·서양갑 등과 강변칠우를 자처

했다. 광해군 때 이들은 은 상인 살해 사건으로 검거되었는데, 이이첨 등의 꾐으로 허위 자백을 하는 바람에 계축옥사가 일어났다. ▶ **3권** 184

**박제가**(朴齊家, 1750~1805)

호는 초정(楚亭)·정유(貞蕤)·위항도인(葦杭道人). 조선 후기의 실학자로 박지원의 문하에서 실학을 연구했다. 1778년 청나라에 가서 이조원·반정균 등에게 새로운 학문을 배운 뒤 귀국해 『북학의』를 저술했다. 이후 청나라 문물 수용을 강조하는 북학파를 형성했다. ▶ **4권** 193 **5권** 87

**박팽년**(朴彭年, 1417~1456)

호는 취금헌(醉琴軒). 사육신의 한 사람으로, 집현전 학사로서 다양한 편찬 사업에 참여했다. 단종의 복위를 꾀하다 체포되어 고문을 받고 옥중에서 죽었다. 문장과 글씨가 뛰어났고, 대표적인 글씨로는《취금헌천자문》이 있다. ▶ **1권** 10, 135, 141, 162, 168 **2권** 56-60

**박포**(朴苞, ?~1400)

조선 전기의 무신으로, 1392년 조선이 개국되면서 대장군이 되었다. 이듬해 사헌중승을 거쳐 황주목사로 나갔다. 1398년 제1차 왕자의 난 때 방원의 조전절제사로 전공을 세워 죽성군에 봉해지고 중추부지사가 되었지만, 이후 방간을 충동질해 1400년 제2차 왕자의 난을 일으켰다. ▶ 1권 72-74

**배극렴**(裵克廉, 1325~1392)

호는 필암(筆菴)·주금당(晝錦堂). 고려 후기~조선 전기의 무신으로 이성계 휘하에 들어가 위화도 회군을 단행했다. 이성계를 추대해 조선의 개국 1등 공신에 책록되었다. ▶ 1권 46

**백인걸**(白仁傑, 1497~1579)

호는 휴암(休庵). 1537년 문과에 급제하고 검열·예조좌랑·남평 현감·호조정랑·지평·헌납을 역임했다. 1545년 을사사화 때 소윤에 의해 파직되고 1547년 정미사화에 연루되어 안변에 유배되었다. ▶ 3권 67-69, 108

**변계량**(卞季良, 1369~1430)

호는 춘정(春亭). 이색·정몽주의 문인. 전교·주부·진덕박사·사헌부시사·성균관학정 등을 거쳐 직제학 등을 지냈으며, 대제학을 지내는 동안 외교 문서를 거의 도맡아 지은 명문장가로 이름을 떨쳤다. 『태조실록』 편찬, 『고려사』 개수에 참여했고, 시문에도 능해 문묘·기자묘 비문 등을 지었다. 문집으로

는 『춘정집』이 있다. ▶ **1권** 6, 107, 152 **2권** 20, 22

## 변안열(邊安烈, ?~1390)

호는 대은(大隱). 고려 후기의 무신이다. 홍건적을 격퇴했고, 최영과 함께 제주도를 정벌했다. 왜구 퇴치에 큰 공을 세웠다.

▶ **1권** 26-28, 154

## 변중량(卞仲良, 1345~1398)

호는 춘당(春堂). 이원계(이성계의 이복형)의 사위. 정몽주의 문인이다. 고려 후기 문과에 급제해 밀직사를 지냈다. 1395년 이회 등과 함께 조준·정도전·남은 등의 독직을 비판하다 관직을 박탈당했지만, 그해 복직되었다. 시 짓기에 능했다. 문집으로는 『춘당유고』가 있다. ▶ **1권** 31

## 서거정(徐居正, 1420~1488)

호는 사가정(四佳亭). 1464년 조선 시대 최초로 양관 대제학이 되었다. 문장과 글씨에 능해서 『경국대전』『동국통감』『동국여지승람』 편찬에 참여했다. 성리학을 비롯해 천문·지리·의약 등에 정통했다. 문집에는 『사가집』, 저서로는 『동인시화』 『동문선』 등이 있다. ▶ **2권** 123, 159

**서경덕**(徐敬德, 1489~1546)

호는 복재(復齋). 조선 중기의 유학자로 학문에만 뜻을 두고 있었기에 과거를 치르지 않았다. 개성 화담 부근에서 연구와 교육에만 전념했고 신분에 관계없이 제자를 받아들였다. 격물을 통해 스스로 터득하는 것을 중시했으며, 독창적인 기일원론의 철학을 제창했다. ▶ **3권** 157

**서명선**(徐命善, 1728~1791)

호는 귀천(歸泉)·동원(桐源). 1774년 이조참판 때, 세손의 대리청정을 반대하던 재상 홍인한을 탄핵·파직시키고 정조를 즉위하도록 만들었다. ▶ **4권** 164, 167, 177

**서유구**(徐有榘, 1764~1845)

호는 풍석(楓石). 농업 분야에 깊은 관심을 가진 조선 후기 실학자로 농업기술과 방법 등을 심도 깊게 연구한 농업 위주의 백과전서 격인『임원경제지』를 저술했다. ▶ **4권** 171

**서이수**(徐理修, 1749~1802)

서얼 출신이지만 학문이 뛰어났던 조선 후기의 문신. 이덕무·유득공·박제가와 함께 초대 검서관으로 임명되었다. 검서관은 특별히 서얼 출신을 위해 마련된 실무직이었다. ▶ **5권** 87

## 서재필(徐載弼, 1864~1951)

호는 송재(松齋). 김옥균·박영효·홍영식·서광범 등 개화파의 일원이자 독립운동가. 갑신정변을 일으켰지만 실패했고 미국으로 망명·귀화해 의사가 되었다. 독립운동에 여러 방향으로 도움을 주었고, 「독립신문」을 발간하고 독립협회를 결성하기도 했다. ▶ **5권** 142-144, 175, 178

## 성담수(成聃壽, ?~?)

호는 문두(文斗). 성삼문의 6촌이자 생육신의 한 사람이다. 단종 복위 운동 때 그의 아버지가 관련되어 세상을 떠나자 충격을 받은 그는 벼슬을 단념하고, 파주 문두리에 은거하며 독서와 낚시질로 소일했다. ▶ **2권** 61

## 성사제(成思齊, ?~?)

공양왕 때 보문각 직제학의 벼슬을 지낸 문신. 조선 건국 후 조의생·임선미 등과 함께 두문동에 은둔하며 끝까지 벼슬에 나가지 않았다. 두문동 72현 중 한 사람이다. ▶ **1권** 38

## 성삼문(成三問, 1418~1456)

호는 매죽헌(梅竹軒). 세종이 다스리던 시대에 『예기대문언두』를 편찬하고, 한글 창제를 위한 오랜 음운 연구 끝에 훈민정음을 반포하도록 했다. 세조가 단종을 몰아내고 왕위에 오르자 그의 복위를 꾀했다. 결국 김질의 밀고로 체포된 후 처형되었다. 1691년에 사육신의 관직이 복구되었다. 문집으로는 『성근보집』이 있다. ▶ **1권** 10, 139, 141, 162, 168 **2권** 44, 49, 57-60, 64, 67, 71, 83-85

## 성석린(成石璘, 1338~1423)

호는 독곡(獨谷). 고려 후기~조선 전기의 문신으로 신돈과 대립했고 왜구를 격퇴했다. 이성계 등과 함께 공양왕을 내세웠고, 개국 후에는 이색·우현보 일파로 추방됐다. ▶ **1권** 86, 199

## 성승(成勝, ?~1456)

호는 적곡(赤谷). 사육신인 성삼문의 아버지다. 창덕궁에서 열린 명나라 사신의 송별연에서 운검을 통해 단종을 복위시킬 계획이었으나 실패했다. 이후 김질의 밀고로 후속 음모 또한 탄로가 나 처형되고 말았다. ▶ **2권** 57-60

## 성준(成俊, 1436~1504)

조선 전기의 문신으로 대사간·사헌부 장령·대사헌·이조판서·우참찬·우의정·좌의정·영의정 등을 지냈다. 영안북도 절도사 시절, 도내에 침입한 야인을 토벌했다고 연산군 때 시폐

10조를 주청했다. 갑자사화 때 성종 비의 폐위와 사사에 관여한 죄로 처형당했다. ▶ **2권** 155, 180

### 성혼(成渾, 1535~1598)

호는 우계(牛溪)·묵암(默庵). 동서 분당기에는 이이·정철 등 서인과 정치 노선을 함께 했다. 1589년 기축옥사로 서인이 정권을 잡자 이조참판에 등용되었으며, 이때 최영경의 옥사 문제로 북인의 비난을 받았다. 문집으로는 『우계집』, 저서로는 『주문지결』 등이 있다. ▶ **3권** 120, 157

### 성희안(成希顔, 1461~1513)

호는 인재(仁齋). 1506년 박원종 등과 중종반정을 일으켜 연산군을 폐하는 데 공을 세우고 정국 1등 공신에 형조판서가 되었다. 명나라에 가서 반정을 납득시켰다. ▶ **2권** 186-188 **3권** 14, 19, 33, 44

### 소헌왕후(昭憲王后, 1395~1446)

조선의 제4대 왕 세종의 비. 1408년에 가례를 올리고 경숙옹주에 봉해졌다. 8월에 세종이 즉위한 후 바로 공비로 호칭되었다. 11월 정식으로 공비로 승봉되었다가 1432년에 왕비로 개봉되었다. ▶ **1권** 114, 115, 125, 126, 195 **2권** 13, 15, 52, 53

**손병희**(孫秉熙, 1861~1922)

호는 의암(義菴). 천도교(동학)의 지도자이자 독립운동가로, 천도교 제3대 교주에 취임했다. 민족 대표 33인으로 3·1운동을 주도하다 체포되었고, 출판사와 학교를 만드는 등 교육과 문화 사업에 힘썼다. ▶ **5권** 149, 158

**송시열**(宋時烈, 1607~1689)

호는 우암(尤庵)·화양동주(華陽洞主). 조선 후기의 문신이자 학자다. 노론의 영수기도 하다. 주자학의 대가로서 이이의 학통을 계승해 기호학파의 주류를 이루었다. 일원론적 사상을 발전시켰으며 예론에도 밝았다. 저서로는 『송자대전』 등이 있다.
▶ **4권** 5, 28, 30, 49, 52, 57-59, 61, 63-67, 69-71, 75-78, 84, 86, 89, 92-95, 98, 102, 104-108, 197 **5권** 25

**송익필**(宋翼弼, 1534~1599)

호는 구봉(龜峰)·현승(玄繩). 서출이라는 제약 때문에 벼슬에 오르지는 못했다. 조선 중기 서인의 막후 조정자였고, 기축옥사를 일으켜 무고한 사람들을 죽게 만든 인물로 지목되었다. ▶ **3권** 120, 124-126

## 송인명(宋寅明, 1689~1746)

호는 장밀헌(藏密軒). 조선 후기의 문신으로 붕당을 금지하도록 건의해 영조의 탕평책에 적극 협조했다. 이조판서가 된 이후에는 정치적으로 온건한 사람들을 중용했다. 좌의정 때 탕평책에 박차를 가해 국가의 기강을 튼튼히 했다. ▶ **4권** 141, 143, 145-148

## 송준길(宋浚吉, 1606~1672)

호는 동춘당(同春堂). 조선 중기의 문신이자 학자. 송시열 등과 함께 북벌 계획에 참여했다. 분열된 서인을 규합하는 데 힘썼다. 학문적으로는 송시열과 같은 경향의 성리학자로서 예학에 밝고 이이의 학설을 지지했다. 문장과 글씨에 뛰어났다. 문집으로는 『동춘당집』과 『어록해』가 있다. ▶ **4권** 28, 30, 49, 53, 63, 65, 71, 75, 88

## 신덕왕후 강 씨(神德王后 康 氏, ?~1396)

조선 태조 이성계의 비. 이성계와의 사이에 방번·방석·경순공주를 낳았다. 이성계를 위험에서 구했으며 개국에 지대한 공헌을 했다. 아들인 방석이 왕세자로 책봉되도록 애썼고 이때문에 방원과 갈등을 빚었다. 정도전과 합세해 둘째 아들 방석을 왕세자로 책봉했지만, 1396년 8월에 방원이 일으킨 소

란 때문에 화병으로 사망했다. ▶ **1권** 33, 48, 58, 86, 104

## 신돈(辛旽, ?~ 1371)

법호는 청한거사(淸閑居士). 고려 후기의 승려. 공민왕의 신임을 받아 국정에 참여하게 되었다. 권문세족을 표적으로 해 부패한 사회 제도를 개혁하고 왕권을 강화·회복하려 했던 승려 출신의 개혁 정치가다. ▶ **1권** 18

## 신돌석(申乭石, 1878~1908)

을미사변과 을사조약 이후 경상도 강원도 일대에서 일본군에게 큰 타격을 준 평민 출신 항일 의병장이다. ▶ **5권** 183

## 신입(申砬, 1546~1592)

조선 중기의 무장으로 북변에 침입한 이탕개를 격퇴하고 두만강을 건너가 야인의 소굴을 소탕하는 공을 세웠다. 임진왜란 때 충주 탄금대에 배수진을 치고 적군과 대결했지만 패하고 말았다. ▶ **3권** 139

## 신수근(愼守勤, 1450~1506)

호는 소한당(所閑堂). 성종 때 다양한 관직을 거쳐 명나라에 다녀온 후인 1506년 좌의정에 올랐다. 함께 반정을 도모하자

는 박원종 등의 제의를 거절했다가 중종반정이 성공하자 유자광 일파에게 살해됐다. ▶ **2권** 174 **3권** 14-18

## 신숙주(申叔舟, 1417~1475)

호는 보한재(保閑齋)·희현당(希賢堂). 조선 전기의 문신으로 일찍부터 재능을 인정받아 집현전 부수찬·직제학 등을 역임했다. 훈민정음을 창제하는 데 기여했고, 외교와 국방 등의 분야에서 능력을 발휘했다. 『세조실록』과 『예종실록』 편찬은 물론 『동국통감』의 편찬을 총괄했으며, 저서로는 『보한재집』이 있다. ▶ **1권** 10, 135, 139, 162, 168 **2권** 5, 40, 43, 56-58, 64, 76-78, 81, 83-85, 95, 98, 105, 111, 112, 114, 116, 167

## 신윤무(辛允武, ?~1513)

조선 전기의 무신으로 중종반정을 성공시켰다. 정국 1등 공신으로 영천군(寧川君)에 봉해졌다. 1513년 공조판서로 있다가 대간의 탄핵으로 파직된 박영문과의 관계 때문에 오해를 받아 대역죄인으로 몰렸다. ▶ **2권** 187 **3권** 14

## 심온(沈溫, 1375~1418)

시호는 안효(安孝). 세종의 장인이다. 1418년 세종이 즉위하자 청천부원군에 봉해졌으며, 왕의 장인으로 영의정부사에 임명되어 명(明)나라에 갔다. 그가 명나라로 떠났을 때 많은 사람이 배웅했는데, 이것이 상왕인 태종의 심기를 건드려 이를 계기로 강상인의 옥사가 발생했다. 이로 인해 강상인과 박습 등이 참수됐고, 우두머리로 지목된 심온 역시 결국 처형된다.

## 심의겸(沈義謙, 1535~1587)

호는 손암(巽菴). 조선 중기의 문신으로 1580년 예조참판이 되었다가 함경도관찰사로 전직했다. 정인홍의 탄핵을 받았으나 이이의 변호로 무사했고, 1584년 이이가 죽은 후 동인이 득세하자 파직되고 말았다.


## 심정(沈貞, 1471~1531)

호는 소요정(逍遙亭). 조선 중기의 문신으로 1518년 한성부판윤·형조판서에 올랐다가 신진 사류 조광조 일파의 탄핵으로 파직당했다. 그로 인해 정국공신도 삭탈되자 원한을 품고 남곤·홍경주 등과 기묘사화를 일으켜 사류를 모두 숙청했다.

## 심통원(沈通源, 1499~?)

호는 욱재(勗齋). 조선 중기의 문신으로 1564년 좌의정에 이르고 기로소(耆老所)에 들어갔다. 이듬해 왕의 외척으로 윤원형 등과 권력을 남용해 뇌물을 받아 삼사(三司)의 탄핵을 받고 1567년에 관직이 삭탈됐다. ▶ **3권** 91, 100, 108, 113

## 심환지(沈煥之, 1730~1802)

호는 만포(晚圃). 노론계 인물로서 사도세자의 죽음이 정당했다고 주장하는 벽파의 영수였다. 나이 어린 순조의 원상이 되어 정권을 장악하고 신유사옥을 일으켰던 인물이다. ▶ **5권** 14, 17, 24

## 심효생(沈孝生, 1349~1398)

1392년 이성계를 옹립해 개국 3등 공신, 사헌중승(司憲中丞)이 되었다. 1398년 정도전 등과 함께 방석을 옹립하다가 제1차 왕자의 난에 살해되었다. ▶ **1권** 60, 81

## 안기영(安驥泳, 1819~1881)

조선 후기의 문신으로 1881년 개화 정책을 반대하는 운동이 일어나자, 대원군의 서자인 이재선을 추대하기 위한 국왕 폐립을 꾀하고 강달선·이철구·권정호 등과 구체적인 거사를 서둘렀지만 체포되어 사형당했다. ▶ **5권** 138

## 안우(安祐, ?~1362)

서북면부원수로서 의주·정주에 침입한 홍건적을 대파했다. 1359년 고선주에서 홍건적의 잔여 무리를 소탕했고, 참지정사를 거쳐 상원수가 되어 홍건적을 재차 무찔렀으나 절령에서 패하고 말았다. 그 결과 개성이 함락되었다. 1361년 정세운·이성계·최영·안우경 등과 함께 적을 추격해 압록강까지 몰아내는 공을 세웠다. ▶ **1권** 14

## 안중근(安重根, 1879~1910)

의병을 거쳐 독립운동가로 활약했으며 삼흥학교를 세우는 등 인재 양성에 힘썼다. 만주 하얼빈에서 침략의 원흉 이토 히로부미를 사살하고 사형되었다. 옥중에서 『동양평화론』을 집필했으며, 서예에도 뛰어나 옥중에서 휘호한 많은 유묵(遺墨)이 보물로 지정되었다. ▶ **5권** 190

## 안평대군(安平大君, 1418~1453)

세종의 셋째 아들로 1418년에 태어났다. 인사·행정 기관인 황표정사를 장악해 실력자로 떠올랐고, 이 때문에 둘째 형 수양대군과 정치적으로 대립했다. 시문·그림·가야금 등에 능하고 특히 글씨에 뛰어나 당대의 최고의 명필로 손꼽혔다. ▶ **1권** 126 **2권** 4, 34, 36, 38-41, 43, 45, 65, 82, 84, 90

**양녕대군**(讓寧大君, 1394~1462)

시호는 강정(剛靖). 조선 전기의 왕자로 태종의 장남이며 세종의 형. 세자로 책봉되었으나 궁중 생활에 잘 적응하지 못했다. 폐위당한 이후로 전국을 누비며 풍류를 즐겼다. ▶ **1권** 5, 8, 82, 109~112, 114, 117, 120, 122, 124, 197

**양성지**(梁誠之, 1415~1482)

호는 눌재(訥齋)·송파(松坡). 조선 전기의 문신이자 학자로『동국지도』등을 찬진했으며, 홍문관 설치를 건의하기도 했다. 『예종실록』등의 편찬에 참여하고 공조판서·대사헌 등을 거쳐 홍문관 대제학이 되어『동국여지승람』편찬에 참여했다. 문집으로는『눌재집』, 저서로는『유선서』『시정기』등이 있다. ▶ **1권** 11

**어유소**(魚有沼, 1434~1489)

조선 전기의 무신으로 이시애의 반란을 진압했고 명나라가 건주위(建州衛)를 공격할 때 이를 도와 큰 공을 세웠다. ▶ **2권** 154

**영창대군**(永昌大君, 1606~1614)

제14대 왕 선조의 13번째 왕자며 인목왕후의 소생이다. 광해군이 왕위에 오르자 역모 연루죄로 인해 서인으로 강등되었고 9세의 나이에 정항의 손에 참혹하게 죽고 말았다. ▶ **3권** 9, 105, 159, 168, 172, 180, 183

**오광운**(吳光運, 1689~1745)
호는 약산(藥山). 조선 후기의 문신으로 설서·승지·교리 등을 역임했다. 이인좌의 난이 일어났을 때 방조자까지 처벌할 것을 주장해서 이봉상 등을 처형하도록 만들었다. ▶ **4권** 143, 148, 191

**오명항**(吳命恒, 1673~1728)
호는 모암(慕菴). 조선 후기의 문신으로 이조좌랑·승지·관찰사 등을 역임한 후 사직했다. 그러나 정미환국으로 소론이 등용되자 이조·병조판서를 지냈다. 이인좌의 난 때 공을 세웠다. ▶ **4권** 139

**왕방연**(王邦衍, ?~?)
조선 시대 문신 겸 시인. 세조 때 금부도사로 있었다. 사육신 사건이 있은 뒤 1457년 왕명에 따라 단종이 노산군으로 격하되어 영월로 귀양을 갈 때 호송을 담당했다. 당시 심경을 담은 시조를 한 수 남겼다. ▶ **2권** 50

**우인열**(禹仁烈, 1337~1403)

시호는 정평(靖平). 고려 후기~조선 전기의 권신. 사불랑·영광 등에 침입한 왜구를 격파하고 경상양광전라삼도 도체찰사·합포도순문사·찬성사 등을 지냈다. 조선 개국 뒤에는 문하시랑찬성사 등을 지냈다. ▶ 1권 28

**우현보**(禹玄寶, 1333~1400)

시호는 충정(忠靖). 고려 후기~조선 전기의 문신으로 우왕 때 밀직대언·삼사좌사 등을 지내고 공양왕 때 삼사판사를 지냈다. 제2차 왕자의 난이 일어났을 때, 이방원에게 반란 소식을 알린 덕분으로 추충보조공신이 되었다. ▶ 1권 28

**원경왕후**(元敬王后, 1365~1420)

여흥부원군 민제(閔霽)의 딸. 1382년 두 살 아래인 이방원에게 출가했다. 조선 개국 후인 1392년 정녕옹주에 책봉되었다. 1400년 2월 세자의 정빈, 11월 왕비가 되어 정비에 진봉되었다. ▶ 1권 79, 82, 84, 104, 110, 117, 120, 134, 194

**원균**(元均, 1540~1597)

조선 시대의 무신으로 임진왜란 당시 옥포해전·합포해전·당포해전·율포해전·한산도대첩 등에서 이순신과 함께 활약했다. 이순신이 파직 당한 뒤 수군통제사가 되었는데, 칠천량해전에서 일본군의 교란 작전에 말려들어 전사했다. ▶ **3권** 149

**원천석**(元天錫, 1330~?)

호는 운곡(耘谷). 고려 후기~조선 전기의 문인으로, 고려 후기의 혼란스러움을 피해 치악산에 들어가 은둔했다. 태종 이방원이 그를 몇 번이고 불렀지만 응하지 않았다. 저서로는 『야사』 『회고가』가 있다. ▶ **1권** 38

**원호**(元昊, ?~?)

호는 관란(觀瀾)·무항(霧巷). 생육신 중 한 사람. 1457년 단종이 영월에 유배되자 영월 서쪽에 집을 지어 이름을 관란재(觀瀾齋)라 하고, 강가에 나가 아침저녁으로 눈물을 흘리며 임금을 사모했다. 한문소설 『원생몽유록』을 썼다. ▶ **2권** 61

**유득공**(柳得恭, 1748~1807)

호는 영재(泠齋)·영암(泠菴). 조선 정조 때의 북학파 학자이자 '규장각 4검서(檢書)' 중 한 사람이다. 뛰어난 저술들을 남겼는데 역사 방면으로 특히나 우수했고, 문학 방면으로도 뛰어나 한시사가(漢詩四家)의 한 사람으로 꼽히기도 한다. ▶ **5권** 87

**유상기**(兪相基, 1651~1718)

호는 기초재(祈招齋). 조선 후기의 문신으로『가례원류』에 권상하의 「서문」, 정호의 「발문」을 붙였는데 소론 윤증을 공격한 듯한 대목 때문에 소론의 배척을 받고 나주에 유배되었다. 이듬해 풀려나와 감찰에 임명되었지만 사퇴했다. ▶ **4권** 105-107

**유성룡**(柳成龍, 1542~1607)

호는 서애(西厓). 1591년 좌의정·이조판서를 겸하다가, 건저 문제로 서인 정철의 처벌이 논의될 때 강경파인 북인 이산해와 대립했다. 임진왜란 때 군무를 총괄, 이순신·권율 등 명장을 등용해 국난을 극복했다. 저서로는『서애집』『징비록』등이 있다. ▶ **3권** 8, 113, 120, 137, 139, 141, 153-158, 178

**유성원**(柳誠源, ?~1456)

호는 낭간(琅玕). 집현전 학사로 세종의 총애를 받았다. 문종이 즉위하자 대교 등을 지내고, 1451년 사가독서했다. 시조한 수가『가곡원류』에 전해지고 있다. ▶ **1권** 141 **2권** 34, 60

**유영경**(柳永慶, 1550~1608)

호는 춘호(春湖). 조선 중기의 문신. 동인이 남인·북인으로 분열되자 북인에 가담했다. 북인이 대북·소북으로 분당될 때 소북파의 영수가 되었지만 추종자들을 이끌고 탁소북으로 분파했다. 1608년 정인홍·이이첨 등 대북 일파의 탄핵을 받고 경흥에 유배되었다. ▶ **3권** 159, 172, 180, 186

**유응부**(兪應孚, ?~1456)
호는 벽량(碧梁). 1455년 성삼문·박팽년 등과 단종 복위를 모의했다. 명나라 사신을 초대하는 연회장소에서 세조를 살해하는 임무를 맡았으나, 김질의 배신으로 죽임을 당하고 말았다.
▶ **2권** 58-60

**유인숙**(柳仁淑, 1485~1545)
호는 정수(靜叟). 한성부좌윤·대사헌·대사간·각 조(曹)의 판서를 거쳤다. 1545년 우찬성 겸판의금부사로서 윤원형·이기 등이 일으킨 을사사화에 휩쓸려 유관·윤임과 함께 처형되었다.
▶ **3권** 39, 58, 66-72

**유자광**(柳子光, ?~1512)
서얼 출신의 대신. 몸이 날래고 말타기와 활쏘기를 잘할 뿐 아니라 문장과 학식에도 뛰어나 세조의 총애를 받았다. 예종 때에는 '남이의 옥', 연산군 때에는 무오사화를 주도하며 공신의 지위에 올랐지만 중종 때 이르러 사림의 탄핵으로 유배당한

다. ▶ **2권** 101, 142, 170-173 **3권** 33

## 유정현(柳廷顯, 1355~1426)

고려 후기~조선 전기의 문신. 공양왕 때 좌대언이 되었지만 정몽주 일파로 몰려 유배되었다가 조선 건국 이후 풀려났다. 좌의정을 거쳐 영의정에 올랐고 세종 때 중외구임법을 시행해 좋은 성과를 올렸다. 1419년 대마도 정벌 때 삼군도통사로 활약했다. ▶ **1권** 112, 118, 143

## 유형원(柳馨遠, 1622~1673)

호는 반계(磻溪). 조선 중기의 실학자이다. 농촌에서 농민을 지도하며 최초로 실학을 체계화했다. 중농사상에 입각한 전반적인 제도 개편을 주장한 저서 『반계수록』 26권을 간행했다. ▶ **4권** 189, 195

## 윤선거(尹宣擧, 1610~1669)

호는 미촌(美村)·노서(魯西)·산천재(山泉齋). 성리학에는 당대의 대가였고 예론에도 정통했다. 절친했던 송시열과 윤휴가 주자의 경전 해석을 두고 대립하자, 윤휴의 입장을 옹호했다. 그래서 송시열과 대립하는 관계가 되었다. 문장이 뛰어났고 글씨에 능했다. ▶ **4권** 30, 92-94, 105, 108

## 윤선도(尹善道, 1587~1671)

호는 고산(孤山)·해옹(海翁). 조선 중기의 문신이자 시인이다. 당쟁 때문에 일생을 대부분 유배지에서 보냈다. 경사에 해박했다. 의약·복서·음양·지리에도 도통했고 시조에 뛰어나 정철과 함께 조선 시가의 쌍벽을 이루고 있다. ▶ **4권** 5, 65-67, 71

## 윤원형(尹元衡, ?~1565)

그의 누이가 문정왕후가 되면서 권력의 실세로 떠올랐다. 누이의 후광으로 형성된 파벌인 소윤의 영수를 자임하며 막강한 권세를 휘둘렀다. 문정왕후가 낳은 경원대군(명종) 환(峘)을 세자로 책봉하려는 모의를 꾸미며 세자(인조)의 외숙인 대윤의 영수 윤임과 갈등을 빚었다. ▶ **3권** 17, 56, 57, 59, 60, 64-69, 74, 78, 81, 83, 85, 89-91, 98-100, 107, 115, 117

## 윤이(尹彝, ?~?)

본관은 파평(坡平). 1390년 명에서 이초(李初)와 함께 당시 이성계가 옹립한 공양왕은 종실이 아니라 이성계의 인친(姻親)이라는 것, 이성계 등이 장차 명을 치려 한다는 것, 그리고 이색 등 고려의 재상들이 이에 반대했다가 유배되거나 살해되리라는 것 등을 고소했다. 이 사실이 알려져 고려에서는 대규모 옥사가 일어났다. 결국 모든 사실이 무고로 판명돼 이초와

함께 율수현으로 유배되었다. ▶ **1권** 27 **3권** 128, 130

## 윤치호(尹致昊, 1865~1945)

호는 좌옹(佐翁). 서재필·이상재 등과 함께 독립협회를 조직했다. 1910년 대한기독교청년회연맹을 조직한 후 대성학교 교장으로 있다가 1911년 105인 사건에 휘말려 수감되었다. 출소 후 친일파로 변절했다. ▶ **5권** 143, 176

## 윤회(尹淮, 1380~1436)

호는 무송(茂松). 조선 전기의 문신으로, 1424년에 정도전의 『고려사』를 다른 사료와 대조하고 교정했다. 세종의 명을 받들어 1432년에 『팔도지리지』를 편찬했다. 곧바로 중추원사 및 성균관대사성을 역임하고, 1434년 왕명으로 집현전에서 『자치통감훈의』를 찬집했다. ▶ **1권** 6, 134, 151, 190

## 윤휴(尹鑴, 1617~1680)

호는 백호(白湖)·하헌(夏軒). 조선 후기의 학자이자 문신. 개혁적인 성향의 북벌론자였다. 종래에 내려오던 주자의 해석 방법을 비판하고 경전을 독자적으로 해석해서 당대의 가장 혁신적인 학자이자 정치가로 평가받았다. ▶ **4권** 5, 63-65, 71, 76, 79, 84, 92-95, 98, 139

**이가환**(李家煥, 1742~1801)

호는 금대(錦帶)·정헌(貞軒). 조선 후기의 문신이자 학자. 남인 중 청남 계열의 지도자로 부상했지만, 반대파는 그가 천주교를 신봉한다는 사실을 집중적으로 공격했다. 결국 1801년 시파를 숙청하고 천주교를 탄압하는 벽파에 의해 체포되어 옥사했다. ▶ **4권** 200-202 **5권** 13, 16, 18

**이개**(李塏, 1417~1456)

호는 백옥헌(白玉軒). 사육신의 한 사람이다. 1441년 『명황계감』의 편찬에 참여하고, 훈민정음의 창제에도 참여했다. 성삼문·박팽년 등과 단종의 복위를 꾀하다가 발각되어 처형되었다. ▶ **1권** 139, 141, 162, 168 **2권** 23, 34, 60, 64, 67, 83

**이거이**(李居易, 1348~1412)

호는 청허자(淸虛子). 조선이 건국된 뒤 1393년에 우산기상시에 임명되고, 그 뒤 평안도병마도절제사·참지문하부사·참찬문하부사·판한성부사 등을 차례로 역임했다. 왕자의 난 직후에 공신에 올랐으며 우의정·영의정을 지냈다. ▶ **1권** 78, 87, 109 **2권** 90

## 이건명(李健命, 1663~1722)

호는 한포재(寒圃齋)·제월재(霽月齋). 조선 후기의 문신으로 숙종 때 여러 관직을 지냈다. 1721년 책봉주청사로 청나라에 갔는데 귀국 후 신임사화로 나로도에 유배되었다. 문집으로는 『한포재집』이 있다. ▶ **4권** 8, 117, 119, 142 **5권** 34

## 이건창(李建昌, 1852~1898)

호는 영재(寧齋). 서양과 일본의 침략을 철저히 배격했던 조선 후기의 문신이자 학자이다. 심학(心學)의 의미를 강조하는 양명학자로서 정치·경제도 허명(虛名)을 멀리해야 한다고 주장했다. 그래서 이웃나라로부터 도움과 원조를 바라는 주체적이지 못한 개화를 끝까지 반대했다. ▶ **5권** 58

## 이경전(李慶全, 1567~1644)

호는 석루(石樓). 1608년 정인홍 등과 함께 소북의 유영경을 탄핵하다가 강계에 위리안치되었다. 광해군이 즉위한 뒤 풀려나와 관직을 차지했다. 1623년 인조반정이 일어나자 서인에게 아첨해서 생명을 보전하고, 명나라에 가서 인조의 책봉을 요청했다. ▶ **3권** 160, 180 **4권** 38

## 이경중(李敬中, 1542~1604)

호는 단애(丹崖). 이황(李滉)의 문인으로, 1581년 이조좌랑으로 있을 때 당시 명망이 있던 정여립을 보고 배척하며 청현의 자리에 두지 말 것을 이야기했다. 그러나 도리어 정인홍·박광옥·정탁 등 동인 언관들로부터 파직을 당했다. ▶ **3권** 155, 157

## 이괄(李适, 1587~1624)

조선 중기의 무신으로 인조반정을 성공시켰고 성책을 쌓아 국경을 경비했다. 아들 이전이 공신들의 횡포로 인한 시정 문란을 개탄해 반역의 무고를 받자 난을 일으켰다. 그러나 서울 입성 이틀 뒤 관군에 참패하고 말았다. ▶ **4권** 4, 15, 18-22, 31, 86

## 이광좌(李光佐, 1674~1740)

호는 운곡(雲谷). 조선 중기의 문신으로 1727년 실록청 총재관이 되어 『경종실록』 편찬을 맡았으며, 영조에게 탕평을 상소해 당쟁의 폐습을 방지했다. ▶ **4권** 129, 131, 133, 143

## 이귀생(李貴生, ?~?)

본관은 고성(固城). 문하시중을 지낸 이임의 아들이다. 김저의 옥사 때 우왕의 장인이었던 아버지 때문에 연좌되어 계림(鷄林: 지금의 경주)에 유배되었다. 1390년 이초의 옥사에 다시 연

루되어 아버지와 이색·우인열·우현보 등이 유배될 때 또다시 고성에 유배되었다. ▶ **1권** 28

### 이극돈(李克墩, 1435~1503)

호는 사봉(四峯). 1498년 훈구파의 거물로서 신진 사림파와 반목하던 중 유자광을 시켜 김일손 등을 탄핵해 무오사화를 일으켰다. 이후 1501년에 병조판서가 되었다. ▶ **2권** 169-171, 173

### 이기(李芑, 1476~1552)

호는 경재(敬齋). 김안로의 탄핵으로 강진에 유배되었다가 1537년에 풀려나와 이듬해 예조참판이 되었다. 1545년 우의정에 올라 병조판서를 겸했고, 을사사화 때 소윤 윤원형과 함께 대윤 윤임의 세력을 꺾었다. ▶ **3권** 58, 62, 66, 74, 111, 158

### 이만손(李晩孫, 1811~1891)

호는 돈와(遯窩). 김홍집에 반대해 「영남 만인소」를 고종에게 올린 조선 후기의 유학자이다. 당시 정부의 정책을 규탄하고 공격해 이후 유생들이 벌인 반대 운동의 선구가 되었다.
▶ **5권** 137

**이맹전**(李孟專, 1392~1480)

호는 경은(耕隱). 생육신 중 한 사람. 계유정난 이후 관직에서 물러났다. 선산에 내려가 김숙자 등과 학문을 교유하며 일생을 마쳤다. ▶ **2권** 61, 167

**이무**(李茂, ?~1409)

1398년 참찬문하부사로서 제1차 왕자의 난 때 방원을 도와 정사 1등 공신으로 단산부원군(丹山府院君)에 봉해졌다. 1406년 김사형·이회 등과 『혼일강리역대국도지도』를 편찬했다. 1408년 병으로 사직했고, 이듬해 민무구의 옥사 때 창원으로 유배되었다. ▶ **1권** 72, 142

**이민도**(李敏道, 1336~1395)

시호는 직헌(直憲). 중국 하간(河間) 출신. 명주에 내려와 살던 중 고려 사신 성준득이 고려로 돌아올 때 함께 들어왔다. 의술과 점술에 재능이 있어 서운부정과 전의정을 역임했다. 조선 개국에 참여해 2등 공신이 되었다. ▶ **1권** 47

**이발**(李潑, 1544~1589)

호는 동암(東巖)·북산(北山). 1568년 생원시에 합격하고, 1573년 문과에 장원했다. 이듬해에 사가독서를 한 후 이조정랑·장령·응교·전한·부제학을 거쳐 1584년에 대사간에 이르렀다. 동인과 서인이 분기할 때 이조정랑에 임명되어 가까운 인물들을 적극적으로 등용했다. 특히 동인의 지도자로 활동하면서 서인을 이끌던 정철과 크게 대립했다. ▶ **3권** 118, 120-122, 124, 126-128, 155

### 이방과(李芳果, 1357~1419)

정종. 공정왕. 영안대군. 조선의 제2대 왕으로, 1398년부터 1400년 동안 재위했다. 1398년 제1차 왕자의 난이 일어난 뒤 세자로 책립되었고, 태조의 양위를 받아 왕위에 올랐다. 즉위한 지 2년 만에 방원에게 왕위를 물려주고 상왕으로 추대되었다. ▶ **1권** 32, 47, 49, 58, 67, 69

### 이방번(李芳蕃, 1381~1398)

무안대군. 태조 이성계의 일곱 번째 아들. 1392년 조선이 건국되자 무안군에 봉군되었다. 태조 즉위 초에 세자 책립 문제가 대두되자 태조의 의중에 후보로 지목되었지만 조준·정도전 등 중신들이 반대했다. 결국 동생인 의안군 방석이 세자가 되었다. ▶ **1권** 33, 49, 60-62, 69

## 이방석(李芳碩, 1382~1398)

의안대군. 태조 이성계의 여덟 번째 아들. 1392년 11세에 조선왕조 최초의 세자로 책봉됐다. 제1차 왕자의 난이 일어나자 이방석을 지지했던 정도전 등 신하들은 모두 살해되고, 태조는 방석을 살려주는 조건으로 방원의 쿠데타를 인정한다. 하지만 방석은 유배를 떠나려 대궐 문을 나서자마자 방번과 함께 이방원 일당에게 살해됐다. ▶ **1권** 33, 49, 59, 61, 69, 86, 95, 108

## 이방실(李芳實, ?~1362)

1361년 도지휘사로 안우·김득배 등과 함께 홍건적 20만 명을 상대로 싸웠으나 패해 개경을 빼앗겼다. 이듬해에 정세운·안우·김득배 등과 함께 20만 대군을 이끌고 개경을 공략해 수복하는 동시에, 많은 적을 도륙하고 나머지 병력은 압록강 밖으로 몰아냈다. ▶ **1권** 14

## 이방우(李芳雨, 1354~1393)

진안대군. 조선 태조의 맏아들. 1388년 밀직부사의 자격으로 강회백과 함께 사신으로 들어가 명나라 태조에게 우왕의 친조(親朝)를 요청했지만 허락받지 못하고 귀국했다. ▶ **1권** 32, 68

**이방의**(李芳毅, ?~1404)

익안대군. 조선 태조의 셋째 아들이다. 1392년 태조가 즉위하자 익안군에 봉해졌다. 제1차 왕자의 난과 제2차 왕자의 난에 동생 방원을 보좌해 정사 1등 공신과 좌명 2등 공신에 각각 책록되었다. 정1품 대광보국숭록대부에 오른 그는 1398년 개국 1등 공신에 추록되고 1400년에 대군이 되었다. ▶ **1권** 32, 60, 69, 72

**이범진**(李範晉, 1852~1911)

아관파천을 단행해 친일파를 몰아내려고 힘쓴 구한말의 친러파 정치가이자 외교관이다. 박정양을 수반으로 친러파 내각을 조직했다. 1910년 경술 국치 조약이 이루어지자 충격을 받고 1911년 1월 26일 자결했다. ▶ **5권** 169

**이벽**(李檗, 1754~1785)

호는 광암(曠菴). 조선 시대 천주교의 초기 교도이며 한국 천주교회를 창설하는 데 공을 세운 주역이다. 정약전·정약용 형제와 함께 학문을 연마했고 천주교 교리를 독학으로 익혔다.
▶ **5권** 16

**이보흠**(李甫欽, ?~1457)

호는 대전(大田). 1457년 순흥부사로 있을 때 금성대군이 이곳으로 귀양을 오자, 영남 지방의 인사들과 함께 폐위된 단종의 복위를 도모하다 발각되어 박천에 유배된 후 처형되었다.

**이산해**(李山海, 1539~1609)

호는 아계(鵝溪). 1588년 우의정에 올랐고, 1590년 영의정에 올라 종계변무의 공으로 광국공신에 책록되었다. 정철을 모함해 탄핵시키고, 동인의 집권을 확고하게 만들었다. 서화에 뛰어나 문장 8가(文章八家)라 불렸다. 저서로『아계유고』가 있다.

**이상설**(李相卨, 1870~1917)

호는 부재(溥齋). 독립운동가로, 대한협동회의 회장 등을 역임했다. 고종의 비밀 지령을 받아 이준·이위종과 함께 헤이그 만국 평화 회의에 특사로 참석하려 했으나 일본에 의해 거부당했다.

**이상재**(李商在, 1850~1927)

호는 월남(月南). 서재필과 독립협회를 조직, 부회장으로 만민

공동회를 개최했던 정치가이자 사회운동가이다. 개혁당 사건
으로 복역했고, 헤이그 만국 평화 회의 특사 파견을 준비했다.
소년연합척후대 초대 총재·조선일보사 사장 등을 역임했다.
▶ **5권** 176, 178

## 이색(李穡, 1328~1396)

호는 목은(牧隱). 고려 후기의 문신이자 학자로, 삼은(三隱)의
한 사람이다. 정방을 폐지했고, 3년상을 제도화했으며, 김구
용·정몽주 등과 강론·성리학 발전에 공헌했다. 우왕의 사부
였다. 우왕이 강화로 유배되자 위화도 회군 후 창(昌)을 즉위
시켜 이성계를 억제하려 했다. 조선 태조가 한산백에 책봉했
으나 사양했다. ▶ **1권** 24, 26, 29, 37, 55 **2권** 65, 132

## 이선로(李善老, ?~1453)

조선 전기의 학자이자 문신이다. 훗날 현로(賢老)로 개명했다.
집현전 학사로서『훈민정음 해례』편찬에 참여했고, 훈민정음
을 창제할 때 협력했다. 계유정난이 일어나자 남원에 귀양 가
던 도중 주살되었다. ▶ **1권** 162

## 이세좌(李世佐, 1445~1504)

조선 전기의 문신으로, 1503년 인정전에서 열린 양로연에서

연산군의 용포에 술을 쏟는 실수를 저질러 온성·평해에 이배되었다. 갑자사화 때 폐비 윤씨와 관련해 자진의 명을 받고 목매어 자결했다. ▶ **2권** 176-178, 180 **3권** 111

## 이숙번(李叔蕃, 1373~1440)

1398년 안산군지사로 있을 때 이방원을 도와 정도전·남은·심효생 등을 제거하는 등 제1차 왕자의 난에 큰 공을 세웠다.
▶ **1권** 60, 81, 87, 107, 109 **2권** 45

## 이순신(李舜臣, 1545~1598)

시호는 충무(忠武). 조선 선조 때의 명장. 삼도수군통제사를 지내며 1592년 임진왜란 때 나라를 구한 명장으로 추앙되고 있다. 1576년 식년무과에 병과(丙科)로 급제, 1591년 유성룡의 천거로 절충장군·진도군수 등을 지내고 같은 해 전라좌도 수군절도사에 승진, 좌수영에 부임했다. 한산도에서 적선 70척을 무찔러 한산대첩의 큰 무공을 세웠다. 노량에서 적군을 기습해 혼전하던 중 유탄에 맞아 전사했다. 시문에 능해 시조·한시와『난중일기』등의 작품을 남겼다. ▶ **1권** 100 **3권** 9, 146, 149-151, 168

**이숭인**(李崇仁, 1347~1392)

호는 도은(陶隱). 삼은(三隱)의 한 사람으로 공민왕 때 문과에 장원, 숙옹부승이 되고 곧 장흥고사 겸 진덕박사가 되었다. 조선이 개국할 때 정도전의 원한을 사서 그의 심복 황거정에게 살해되었다. 문장이 바르고 우아해 중국의 명사들도 탄복했다고 한다. 저서로는 『도은집』이 있다. ▶ **1권** 28, 55

**이승경**(李承慶, ?~1360)

정당 문학 조년(兆年)의 조카로 원나라 조정에서 어사가 되고 요양성 참정에 이르렀다. 1359년 홍건적이 침범하자, 도원수로 나가 서경을 회복했다. 그러나 부하들이 홍건적을 완전히 쳐부수지 않았음을 분히 여겨 음식을 폐한 끝에 병을 얻고 말았다. 공민왕은 그의 충의를 칭찬했고 충근경절협모위원공신의 호를 내렸다. ▶ **1권** 14

**이승만**(李承晚, 1875~1965)

호는 우남(雩南). 대한민국 초대 대통령. 독립운동가로서 독립협회·한성임시정부·상해임시정부에서 활동했다. 광복 후 우익 민주 진영의 지도자로서 활약했으며, 1948년 초대 대통령에 당선되었다. 철저한 반공주의자였으며, 배일 정책을 시행해 일본에 강경한 자세를 취했다. 대통령에 네 번 당선되었지

만 4·19혁명으로 사임했다. ▶ **5권** 176, 185


**이승훈**(李承薰, 1756~1801)

호는 만천(蔓川). 세례명은 베드로. 조선 천주교 역사상 최초의 영세자(領洗者)이다. 주일 미사와 영세를 행하며 전도했다. 배교(背敎)와 복교(復敎)를 반복하다가 결국은 순교하고 말았다. ▶ **5권** 16, 18, 43


**이안사**(李安社, ?~1274)

태조 이성계의 고조부. 조선 개국 후 목조에 추증되었다. ▶ **1권** 33


**이양**(李樑, 1519~1582)

조선 중기 명종 때의 왕족이자 척신이다. 명종의 두터운 신임을 받았으나 심의겸 등에 의해 탄핵됐다. 윤원형、심통원과 함께 명종 때에 외척으로서 전횡을 일삼은 삼흉(三凶)으로 불렸다. ▶ **2권** 43 **3권** 89-90, 107, 117


**이언적**(李彦迪, 1491~1553)

호는 회재(晦齋)·자계옹(紫溪翁). 중종 때의 문신으로 그가 주장한 주리적 성리설은 이황에게 계승되어 영남학파의 중요한 성리설이 된다. 김안로 사후부터 중종 말년까지 약 20년간 가장 활발히 정치 활동을 했다. ▶ **2권** 150 **3권** 58, 67, 75, 161-167, 175, 178

## 이완용(李完用, 1858~1926)

구한말 을사오적의 한 사람. 고종을 협박해 을사늑약 체결과 서명을 주도했고 의정부를 내각으로 고친 후 내각 총리대신이 되었다. 고종에게 헤이그 특사의 책임을 추궁해 물러날 것을 강요했고, 순종을 즉위시켰다. 일본과 경술 국치 조약을 체결했는데 그 공으로 일본 정부에 의해 백작이 되었다. ▶ **5권** 169, 175, 190

## 이위경(李偉卿, 1586~1623)

조선 중기의 문신. 1620년에 좌승지·예조참의를 지냈으며, 이이첨의 측근으로 활약하면서 경운궁에 유폐된 인목대비를 시해하려고 했다. 그러나 영의정 박승종의 방해로 실패했다. 인조반정이 일어나자 이이첨·정조·윤인 등과 함께 능지처참되고 말았다. ▶ **3권** 187

## 이유원(李裕元, 1814~1888)

호는 귤산(橘山)·묵농(墨農). 『대전회통』 편찬 총재관을 지냈고, 흥선대원군이 실각한 후 영의정에 올랐다. 청나라를 방문

한 이후 인천을 개항해야 한다고 주장했지만, 수구파의 맹렬한 공격을 받았다. 일본의 하나부사 요시타다와 제물포 조약에 조인한 인물이다. ▶ **5권** 126, 132

**이유태**(李惟泰, 1607~1684)
호는 초려(草廬). 조선 중기의 문신이자 학자이며 효종 때 송시열 등과 북벌계획에 참여했다. 예학에 조예가 깊고, 경장론을 전개했다. 향촌 조직, 오가작통법 실시, 양전·사창 설치 등을 주장했다. 문집으로는 『초려집』 등이 있다. ▶ **4권** 28, 30, 53

**이의방**(李義方, ?~1174)
본관 전주(全州). 고려의 무신으로, 정중부·이고와 함께 무신란을 일으켰다. 이후 이고가 정권을 마음대로 하려 하자 1171년 그를 제거하고 정권을 장악했다. 중방(重房)을 강화해 고위 무신들을 끌어들이고, 문신들만 임명했던 지방관에 하급 무신을 임명해 이들을 회유하려는 정책을 폈다. ▶ **1권** 33

**이이**(李珥, 1536~1584)
호는 율곡(栗谷)·석담(石潭). 조선 중기의 유학자이자 정치가로 『동호문답』 『성학집요』 등의 저술을 남겼다. 현실·원리의 조화와 실공(實功)·실효(實效)를 강조하는 철학 사상을 제시했다. 또한 여러 저작을 통해 조선의 제도 개혁을 주장했다. 우리나라의 18대 명현(名賢) 가운데 한 명이다. ▶ **3권** 7, 97, 112-114, 118-122, 124, 131, 157, 164, 174 **4권** 28, 85-90, 102, 126

## 이이첨(李爾瞻, 1560~1623)

호는 관송(觀松)·쌍리(雙里). 선조 때 대북의 영수로서 광해군이 왕으로 적합함을 주장했고, 광해군 즉위 후 소북파를 숙청했다. 영창대군을 죽게 하고 김제남을 사사시켰으며 폐모론을 주장해 인목대비를 유폐시켰다. ▶ **3권** 158, 160, 182, 184, 186, 189 **4권** 17

## 이인(李遴, ?~?)

본관은 영천(永川). 조선 중기의 문신으로, 1560년 관직 생활을 본격적으로 시작했고, 병조정랑·교리·부교리·응교와 군기시정(軍器寺正) 등을 역임했다. 1577년 경상도관찰사에 제수됐지만 권세가들에게 아부한다는 이유로 사간원이 크게 반대해 임명이 취소되기도 했다. ▶ **1권** 33

## 이인민(李仁敏, 1330~1393)

본관은 성주(星州). 1383년 정당 문학으로 동지공거가 되어 과거를 관장했고 문하평리겸대제학에 올랐다. 1388년 이인임

이 최영·이성계에 의해 숙청당하자 계림부에 유배됐다. 공양왕이 즉위하고 관작이 복구됐지만, 1390년 이초의 옥사에 연루되어 청주옥에 갇혔다가 또다시 유배되었다. ▶ **1권** 28

## 이인임(李仁任, ?~1388)

시호는 황무(荒繆). 고려의 문신으로 1374년 공민왕의 후사 문제가 일어나자 태후·경복흥의 주장을 꺾고 우왕을 추대했다. 정권을 잡고 친원 정책을 취했고, 충복들을 요직에 앉혀 매관매직을 하는 등 전횡을 일삼았다. ▶ **1권** 17, 29, 55 **3권** 128-130

## 이임(李琳, ?~1391)

본관은 고성(固城). 공민왕 때 밀직부사가 되고 1376년에 덕적·자연에 침입한 왜적을 물리치기 위해 서북면 선위사가 되어 실정을 파악했다. 이듬해 왜적이 울주에 재차 침입하자 지밀직으로 조전원수가 되어 이를 방어했다. 1378년에는 판밀직으로 양광·전라의 조전원수를 겸해 연산에 침입한 왜적을 격퇴했다. ▶ **1권** 27

## 이자춘(李子春, 1315~1361)

묘호(廟號)는 환조(桓祖). 태조 이성계의 아버지이다. 함경도 쌍성 지방에서 세력을 떨치며 원나라의 천호로 있다가 고려 조정으로부터 소부윤이라는 벼슬을 받고, 총관부를 함락시켜 함주 이북의 땅을 회복했다. 함경도 지방을 다스리다가 죽었다.

▶ **1권** 32, 34


## 이장곤(李長坤, 1474~?)

호는 학고(鶴皐)·금헌(琴軒). 1504년 갑자사화에 연루되어 거제로 귀양 갔으나 목숨을 유지했다. 1506년 중종반정 이후 관직에 다시 임명됐다. 1512년 여진족을 막는 데 공을 세웠고, 이후 대사헌·이조판서·좌찬성 등을 지냈다. 1519년 기묘사화에 참여했지만, 조광조 등의 처형에 반대했다. ▶ **2권** 188


## 이재명(李在明, 1886~1910)

안중근의 이토 히로부미 암살 소식을 듣고 친일 매국노들을 죽이고자 계획했다. 1909년 12월 명동성당에서 이완용을 찌르고 체포되어 사형당한 독립운동가다. ▶ **5권** 190


## 이제(李濟, ?~1398)

시호는 경무(景武). 태조의 사위이다. 1392년 정몽주를 죽이고 조선의 건국을 도와 개국 1등 공신으로 흥안군에 봉해졌으며, 의흥친군위절제사가 되었다. 이듬해 우군절제사가 되었지만 1398년에 일어난 제1차 왕자의 난 때 방원에게 살해되었다.

그의 부인인 경순공주는 비구니가 되었다. ▶ **1권** 31, 49, 62

## 이제현(李齊賢, 1287~1367)

호는 익재(益齋)·역옹(櫟翁)·실재(實齋). 당대의 명문장가로 정주학(程朱學)의 기초를 확립했고, 조맹부의 서체를 도입했다. 저서로는 『효행록』『익재집』『역옹패설』 등이 있다. ▶ **2권** 22

## 이종무(李從茂, 1360~1425)

시호는 양후(良厚). 고려 후기~ 조선 전기의 무신으로 왜구를 격파했고 제2차 왕자의 난에 공을 세웠으며, 대마도를 정벌했다. 하지만 찬성사가 된 이후 불충한 김훈 등을 정벌군에 편입시켰다는 이유로 탄핵되었다. ▶ **1권** 143, 144, 146

## 이준(李儁, 1859~1907)

호는 일성(一醒)·해사(海史). 항일애국지사로 독립협회에 참여하고, 개혁당·대한보안회·공진회·헌정연구회 등을 조직했다. 1907년 고종의 비밀 지령을 받아 헤이그 만국 평화 회의에 이상설·이위종 등과 합류했지만, 일본 측의 방해로 참석 못하고 그곳에서 순국했다. ▶ **5권** 9, 185

## 이준경(李浚慶, 1499~1572)

호는 동고(東皐)·남당(南堂). 조선 중기의 문신으로 우·좌·영의정 등을 지냈다. 사화로 억울하게 피해를 당한 사람들을 서용 또는 신원했다. 붕당을 예언한 「유소」를 올려 규탄받았지만, 실제 그의 말대로 동서 분당이 일어났다. 저서로는 『동고유고』 등이 있다. ▶ **3권** 7, 49, 85, 94, 100, 108, 111-114, 119, 163

## 이지란(李之蘭, 1331~1402)

고려 후기~조선 전기의 공신으로, 여진의 금패천호(金牌千戶) 아라부카(阿羅不花)의 아들이다. 공민왕 때 부하를 이끌고 고려로 들어와 귀화했다. 조선 건국에 공을 세워 개국 1등 공신에 책록됐고, 제1·2차 왕자의 난 때도 공을 세웠다. ▶ **1권** 46, 148

## 이징옥(李澄玉, ?~1453)

호는 원봉(圓峰). 조선 전기의 무신으로 세종 때에 북방 6진 개척에 큰 공을 세웠다. 계유정난 이후 함길도에서 수양대군에 맞서 군사를 일으키려 했지만, 수하 장수들에게 살해되고 말았다. ▶ **1권** 149 **2권** 45-48

**이천우**(李天祐, ?~1417)

조선 전기의 문신이자 이성계의 조카로, 조선 개국과 제1·2차 왕자의 난에 공을 세워 좌명 2등 공신이 되었다. 병조판서·이조판서·서북면 도체찰사 등을 지냈다. ▶ **1권** 60, 86

**이첨**(李詹, 1345~1405)

호는 쌍매당(雙梅堂). 조선 건국 후 1398년 이조전서에 기용, 1400년 첨서삼군부사가 되어 명나라에 다녀왔다. 1402년에는 등극사로 명나라에 다녀온 뒤 정헌대부가 되었다. 『삼국사략』을 찬수했고 문장과 글씨에 뛰어났다. 저서로는 『저생전』 『쌍매당집』 등이 있다. ▶ **1권** 105

**이초**(李初, ?~?)

이성계 등이 장차 명나라를 치려 한다는 것, 그리고 이색 등 고려의 재상들이 이에 반대하다가 유배되거나 죽임을 당하게 되어서 자신들을 보내 명나라에 알리도록 했다는 것 등을 윤이와 함께 고소했다. 이 때문에 고려에서는 대규모의 옥사가 일어났고, 곧 무고로 판정되어 윤이와 더불어 율수현에 유배되었다. ▶ **1권** 27 **3권** 128, 130

## 이최응(李最應, 1815~1882)

호는 산향(山響). 흥선대원군 이하응의 형이다. 통상수교거부 정책에 반대해 대원군과 반목했고 대원군이 실각한 후에는 영의정이 되었다. 통리기무아문 총리대신으로 개화 정책을 추진했지만 유림의 반대로 사직했다. ▶ **5권** 126

## 이하응(李昰應, 1820~1898)

호는 석파(石坡). 흥선대원군. 조선 후기의 왕족이자 정치가이다. 고종이 즉위하자 대원군에 봉해졌다. 섭정을 하면서 중앙 집권적 정치 기강을 수립했으나, 경복궁 중건으로 백성의 생활고를 가중시켰다. 쇄국 정책을 고집했으며, 천주교를 박해했다. ▶ **5권** 7, 39, 81, 102

## 이하전(李夏銓, 1842~1862)

조선 후기의 왕족. 완창군 시인의 아들. 헌종이 죽자 왕위 계승권자 후보 물망에 올랐다. 그 이유로 철종이 즉위한 뒤 감시와 미움을 받았는데, 왕으로 추대받아 모반을 꾀했다는 이재두의 무고로 인해 제주도에 유배되어 그곳에서 죽음을 맞았다. ▶ **5권** 52-54, 80-83

**이항로**(李恒老, 1792~1868)

호는 화서(華西). 주리론에 바탕을 둔 존왕양이의 윤리를 강조하면서 위정척사론과 의병 항쟁의 사상적인 기초를 마련했다. 그가 남긴 저술은 1899년에 문인들에 의해 『화서집』41권으로 편찬됐다. ▶ 5권 135

**이항복**(李恒福, 1556~1618)

호는 백사(白沙). 이이의 문하로 서인에 속했다. 1592년 임진왜란이 일어나자 도승지로 선조를 호종해 의주로 갔다. 전란 중에 병조판서가 되었으며, 한음 이덕형을 명나라에 보내 군대의 파병을 요청했다. 전란 후에는 수습에 최선을 다했다.
▶ 3권 182, 189 4권 14, 29, 85

**이행리**(李行里, ?~?)

이안사의 아들이자 태조 이성계의 증조부. 1394년 익왕으로 추존되었고, 후에 다시 익조의 존호를 받았다. ▶ 1권 34

**이황**(李滉, 1501~1570)

호는 퇴계(退溪). 조선 중기의 문신이자 유학자. 명종의 잇따른 부름을 사양하고 고향에 머무르며 학문 연구에 힘썼다. 조선 성리학 발달의 기초를 형성했고, 이(理)의 능동성을 강조하는 이기호발설(理氣互發說)을 주장했다. 주리론 전통의 영남학파에서 종조로 숭앙했다. ▶ **2권** 150 **3권** 38, 40, 81, 91, 96, 108-110, 113-115, 120, 157, 161-164, 167, 175-179 **4권** 185

### 임사홍(任士洪, 1445~1506)

조선 전기의 문신으로 성종의 총애를 받았으며 대사간·예조참의 등 요직을 거친 인물이다. 하지만 유자광 등과 파당을 만들고 현석규를 음해했다는 죄목으로 1478년 탄핵을 받고 유배됐다. 이후 귀양에서는 풀려났지만 1504년 일어난 갑자사화의 핵심 인물이 되어 지탄을 받았다. ▶ **2권** 174-176, 178-180, 183 **3권** 14

### 임선미(林先味, 1362~1394)

호는 휴암(休庵). 성석린·박상충 등과 함께 학문을 닦았고 퇴폐한 세속을 바로잡으려 노력했다. 1392년 고려가 망하자 조의생 등 71명과 입산·은거했다. 태조가 고려 유신들을 등용하려 했지만 끝까지 응하지 않고 충의를 지켰다. ▶ **1권** 38

### 장사길(張思吉, ?~1418)

호는 희양(僖襄). 고려 후기~조선 전기의 무신이자 조선의 개국공신이다. 위화도 회군에 가담했으며, 왜적의 침입을 격퇴

하는 데 공을 세웠다. 왕자의 난 때 이방원을 도와 정사 2등 공신에 올랐다. ▶ **1권** 60

**장영실**(蔣英實, ?~?)

세종 때 활약한 과학자. 한국 최초의 물시계인 보루각의 자격루를 만들었고, 세계 최초의 우량계인 측우기와 수표를 발명해 하천의 범람을 미리 알 수 있게 했다. 그 외 여러 과학 도구를 제작·완성했다. ▶ **1권** 174-176, 201

**장유**(張維, 1587~1638)

호는 계곡(谿谷). 조선 중기의 문신으로 양명학을 익혀 기일원론을 취했다. 문장이 뛰어나 조선 중기의 사대가로 꼽혔을 뿐만 아니라 문학의 독자성과 순수성을 옹호하는 경향을 보였다. 문집으로는 『계곡집』이 있다. ▶ **4권** 26, 38, 46

**장하**(張夏, 1316~1399)

1361년 홍건적이 침입했을 때 개경을 수복한 공을 세워 1363년 전의주부(典儀注簿)로서 2등 공신에 오르고, 밀직부사·밀직제학을 거쳐 한양부윤·평양부윤·경상도 도관찰출척사를 거쳐 1389년 문하평리가 되었다. 1390년에 이초의 옥사에 연루, 우현보 등과 함께 유배되었다가 곧 풀려났다. ▶ **1권** 28

## 전봉준(全琫準, 1855~1895)

별명은 녹두장군. 동학 농민 운동의 지도자이다. 부패한 관리를 처단하고 시정 개혁을 도모하려고 했다. 전라도 지방에 집강소를 설치해서 동학 조직을 강화하는 데 힘썼다. 일본의 침략에 맞서 싸우다가 체포되어 죽었다. ▶ **5권** 149, 151-159

## 정개청(鄭介淸, 1529~1590)

호는 곤재(困齋). 조선 중기의 문신이자 학자로, 풍수·역학·율려에도 정통했다. 1589년 정철 등 많은 학자로부터 배절의논이라는 비난을 받던 중 정여립의 모반 사건에 연루되어 경원으로 귀양 가는 도중 죽었다. ▶ **3권** 127

## 정도전(鄭道傳, 1342~1398)

호는 삼봉(三峰). 고려 후기~조선 전기의 문신이자 학자. 이성계를 도와 조선을 건국했고 나라의 기틀을 다지는 역할을 했다. 그러나 정치 투쟁 과정 중에 이방원에게 살해되었다. 유학(儒學)의 대가였으며 개국 후 군사·외교·행정·역사·성리학 등 다방면에서 활약했다. 저서로는 『삼봉집』 『경제문감』 등이 있다. ▶ **1권** 6, 24, 29, 30, 44-46, 49, 54-62, 68-70, 76, 80-82, 90, 97, 102, 106-108, 151 **2권** 21, 24, 64, 122

## 정득후(鄭得厚, ?~1389)

고려 후기의 관인으로, 1389년 김저 등과 함께 이성계 일파 제거를 모의했다. 무신 곽충보를 포섭해 팔관회에 참석하는 이성계를 죽이기로 결정했지만, 곽충보가 이 사실을 이성계에 알렸다. 그 사실을 몰랐던 정득후는 김저와 함께 이성계의 집으로 잠입했다가 체포되어 순군옥에 갇혔다. ▶ 1권 26

## 정몽주(鄭夢周, 1337~1392)

호는 포은(圃隱). 고려 후기의 문신이자 학자. 의창을 세워 빈민을 구제하고 유학을 보급했으며, 성리학에 밝았다. 『주자가례』를 따라 개성에 5부 학당, 지방에 향교를 세워 교육 진흥을 꾀했다. 시문에도 뛰어나 시조 「단심가」 외에 많은 한시를 지었으며, 서화에도 뛰어났다. 문집에 『포은집』이 있다. ▶ 1권 24, 29-31, 37, 55, 57, 80, 151, 164 **2권** 146, 150, 167, 172 **3권** 21, 95, 161

## 정세운(鄭世雲, ?~1363)

기철을 주살한 공으로 1358년 문하성지사가 되었으며, 홍건적의 침입으로 서경이 함락되자 1360년 서북면도순찰사로 나가 민심을 수습하고 참지정사가 되었다. 1362년 총병관이 되어 20만 대군으로 홍건적을 물리치고 개경을 탈환해 1363년

호종공신에 올랐다. ▶ 1권 14

**정안왕후**(定安王后, 1355~1412)

1398년 남편 영안군(이방과)이 세자가 되면서 세자빈이 된 뒤 덕빈(德嬪)에 책봉되었다. 정종이 즉위한 뒤에 덕비(德妃)로 진봉되었다. ▶ 1권 69

**정약용**(丁若鏞, 1762~1836)

호는 다산(茶山)·사암(俟菴). 조선 후기의 실학자이자 문신이다. 많은 작품을 남겼고, 한국의 역사·지리 등에도 주체적인 사관을 제시했다. 서학을 통해 서양의 합리적인 과학 지식을 도입했다. 저서로는 『목민심서』 『경세유표』 등이 있다. ▶ 4권 171, 188, 193-195, 202 **5권** 13, 16, 18, 21, 31, 69, 71, 84

**정양**(鄭穰, ?~?)

조선 전기의 문신으로 음률에 능했다. 1430년 별좌로 있을 때 왕명으로 아악을 수정하던 박연이 과로로 쓰러지자, 그의 후계자로 지목되어 아악의 묘리를 전수받았다. 1431년 아악을 새로 지어 남급·박연 등과 함께 상을 받았다. ▶ 1권 161

**정여창**(鄭汝昌, 1450~1504)

호는 일두(一蠹). 조선 전기의 문신이자 학자이다. 성리학의 대가로서 경사에 통달했고 실천을 위한 독서를 주로 했다. 『용학주소』『주객문답설』『진수잡저』 등의 저서가 있었는데 무오사화 때 부인이 태워 없앴다고 전한다. ▶ **2권** 149, 180 **3권** 161, 166

**정원용**(鄭元容, 1783~1873)

호는 경산(經山). 1849년 헌종이 승하하자 영의정으로서 덕완군 원범(元範)을 조선의 제25대 왕 철종으로 즉위하도록 했다. 그 뒤 1863년 철종이 승하하면서 원상(院相)이 되어 제26대 왕 고종이 즉위할 때까지 정사를 맡았다. 저서로는 『경산집』 등이 있다. ▶ **5권** 54, 76

**정이환**(鄭履煥, 1731~?)

조선 후기의 문신으로 영조 때 교리·응교·사서·부응교 등을 지내고, 정조 즉위 후 척신인 김구주가 숙청될 때 한패라는 이유로 함께 파면되었다. ▶ **4권** 166

**정인지**(鄭麟趾, 1396~1478)

호는 학역재(學易齋). 조선 전기의 대표적인 유학자로 오랜 시간에 걸쳐 문화 발전과 정치 안정에 앞장섰다. 안지 등과 함께 『용비어천가』를 지었으며, 천문·역법·아악 등에 관한 책을 다수 편찬했다. 문집으로는 『학역재집』이 있다. ▶ **1권** 10, 138-140, 155, 162, 172, 177 **2권** 22, 28, 40, 43, 56, 64, 83

### 정인홍(鄭仁弘, 1535~1623)

호는 내암(來庵). 조선 전기의 문신으로, 임진왜란 때 합천에서 의병을 모아 성주에서 왜병을 격퇴한 뒤 영남 의병장의 호를 받았다. 대사헌에 승진, 중추부동지사·공조참판을 역임했으며, 인목대비를 폐위시키고 영의정에 올랐다. ▶ **3권** 144, 155, 158, 160, 174, 177-180, 182 **4권** 17

### 정지(鄭地, 1347~1391)

시호는 경렬(景烈). 1374년 중랑장으로서 왜적을 평정할 계책을 왕에게 올려 전라도 안무사가 되었다. 1377년 순천도병마사가 되어 순천·낙안 등에 침입한 왜적을 토벌했다. 1388년 요동 정벌 때 이성계의 위화도 회군에 동조하고, 이후 왜적이 창궐하자 양광·전라·경상도 도절제 체찰사가 되어 공을 세웠다. ▶ **1권** 28

## 정지화(鄭知和, 1613~1688)

호는 남곡(南谷)·곡구(谷口). 조선 후기의 문신이다. 동지사로 청나라에 다녀온 후에 우의정에 올랐다. 1674년 좌의정이 된 뒤 중추부판사로 전임되었는데 그해에 일어난 복상 문제 때 송시열의 추죄를 반대하는 입장에 섰다. ▶ **4권** 74, 82, 90

## 정창손(鄭昌孫, 1402~1487)

시호는 충정(忠貞). 1451년 동부승지·대제학·병조판서 등을 지내고, 1453년 이조판서가 되었다. 단종 복위 음모를 고변한 공으로 부원군에 진봉되어 우의정에 오르고 1457년 영의정이 되었다. ▶ **2권** 40, 58, 60, 116, 180

## 정철(鄭澈, 1536~1593)

호는 송강(松江). 1580년 강원도 관찰사로 등용되었고, 이후 3년 동안 전라도와 함경도 관찰사를 지내면서 「관동별곡」 「훈민가」 등의 시 작품을 많이 남겼다. 1589년 정여립의 모반 사건을 다스리게 되자 서인의 영수로서 동인을 철저히 추방했고, 다음 해 좌의정에 올랐다. 윤선도와 함께 한국 시가 사상의 쌍벽으로 불린다. 문집으로는 『송강집』 『송강가사』 『송강별추록유사』가 있다. ▶ **3권** 7, 8, 113, 120, 125-127, 153-156

**정태화**(鄭太和, 1602~1673)

호는 양파(陽坡). 조선 중기의 문신. 1637년 소현세자를 선양에 배종하고 호령안찰사로 있을 때 명나라와의 밀약이 청나라에 탄로나버리자, 조정에서는 그를 봉황성에 보내 청나라의 협박을 막았다. 1649년 청나라에 다녀온 뒤 영의정이 되었다. ▶ **4권** 49, 63, 71 **5권** 25

**정후겸**(鄭厚謙, 1749~1776)

조선 후기의 문신으로 대리청정을 하는 세손(정조)을 극렬히 반대하면서 유언비어를 퍼뜨려 세손의 비행을 조작했다. 게다가 심상운을 시켜 세손을 보호하려는 홍국영을 배척하는 등 세손을 해치려는 계획을 세웠다. ▶ **4권** 163, 165

**정희왕후**(貞熹王后, 1418~1483)

세조의 왕비로 예종이 죽은 뒤 성종을 왕위에 앉히고 8년 동안 대왕대비로서 수렴청정했다. ▶ **2권** 9, 55, 92, 95, 105-107, 109, 111-114, 116, 144, 151-153, 169 **3권** 65

**조견**(趙狷, 1351~1425)

호는 송산(松山). 여러 절의 주지를 역임했다. 30세가 넘어 환속, 문과에 급제한 뒤 고려 후기에 안렴사가 되었다. 1392년

조선이 개국하자 상장군으로 개국 2등 공신에 책록되었고, 평양군(平壤君)에 봉해졌다. ▶ **1권** 47

**조광조**(趙光祖, 1482~1519)

호는 정암(靜庵). 사림파의 절대적인 지지를 바탕으로 도학 정치의 실현을 위해 활동했다. 『여씨향약』을 간행해 전국에 반포했다. 1518년에 천거를 통해 과거 급제자를 뽑는 현량과의 실시를 주장하는 등 개혁 정치를 단행했다. 훈구파가 기묘사화를 일으키자 능주에 유배됐다. ▶ **2권** 150 **3권** 3, 20-40, 47, 49, 59, 94-96, 108-110, 112, 161-164, 166

**조려**(趙旅, 1420~1489)

호는 어계은자(漁溪隱者). 생육신의 한 사람으로 단종의 선위 이후 함안으로 돌아가 서산 아래에 살았다. 낚시질로 여생을 보냈기 때문에 스스로를 어계(漁溪)라 칭했다. 저서로는 『어계집』이 있다. ▶ **2권** 61

**조말생**(趙末生, 1370~1447)

호는 사곡(社谷)·화산(華山). 성리학자 조용의 문인. 1427년 병조판서 때 그의 명의로 왜국에 보낸 국서에, 대마도는 경상도 계림에 예속된 우리 영토라고 명기돼 있다. 그 후 함길도

관찰사로 부임해 여진족 방어에 힘썼고, 판중추부사를 거쳐 1437년 경상·전라·충청 3도의 도순문사로서 축성 사업을 감독했다. ▶ **1권** 112, 118

**조문명**(趙文命, 1680~1732)

호는 학암(鶴巖). 조선 후기의 문신으로『경종실록』편찬에 참여했으며, 대사성·이조참판을 지냈다. 이인좌의 난을 평정해 분무 2등 공신에 책록됐고 풍릉부원군에 책봉되었다. 문집으로는『학암집』이 있다, ▶ **4권** 141, 143

**조민수**(曺敏修, ?~1390)

고려의 무신. 1361년 순주부사로 홍건적의 침입을 물리쳐 2등 공신에 책록되고, 이듬해 양광도도순문사를 거쳐 전리판서·밀직사 동지사 등을 지냈다. 요동 정벌군 좌군도통사로 출정한 뒤 이성계와 함께 회군해 우왕을 폐하고 창왕을 세우는 데 큰 역할을 했다. ▶ **1권** 19-22, 26-28

**조사의**(趙思義, ?~1402)

조선 전기의 문신. 1393년 형조에서 의랑을 지냈고 1397년 첨절제사 등을 지냈다. 안변부사의 위치에 있을 때, 당시 태종에게 학대받은 신덕왕후의 원수를 갚는다는 명분 아래 반란

을 일으켰지만 실패했다. ▶ **1권** 85-88 **2권** 80, 90

## 조성복(趙聖復, 1681~1723)

호는 퇴수재(退修齋). 조선 후기의 문신이다. 집의 재임 때 양역의 폐단을 지적하는 등 제도 개선에 관심을 보였으며, 세제의 대리청정을 요구하는 「소」를 올려 신임사화의 단초를 만들었다. ▶ **4권** 118-120 **5권** 34

## 조식(曺植, 1501~1572)

호는 남명(南冥). 철저한 절제로 불의와 타협하지 않았던 조선 중기의 학자이다. 당시의 사회 현실과 정치적인 모순에 대해서는 적극적인 비판의 자세를 견지했다. 단계적·실천적인 학문 방법을 주장했는데 이것이 제자들에게도 이어져 경상우도의 특징적 학풍을 이루었다. 저서로는 『남명집』 등이 있다.

▶ **3권** 115, 120, 144, 157, 174-179

## 조영규(趙英珪, ?~1395)

이성계의 사병으로서 1385년 판위위시사가 되어 함주 일대에 창궐한 왜구를 토벌하는 전공을 세웠다. 1392년 이방원과 모의해 이성계의 문병을 마치고 돌아가는 정몽주를 선죽교에서 격살했다. 그해에 정도전 등과 함께 이성계를 추대해 개국

2등 공신에 책록되고 예조전서에 올랐다가 1395년 병으로 죽었다. ▶ **1권** 31

### 조영무(趙英茂, ?~1414)

시호는 충무(忠武). 고려 후기~조선 전기의 무신이다. 조선 개국에 공을 세우고 전중시판사에 올라 개국 3등 공신에 책록되고 한산군에 봉해졌다. 제2차 왕자의 난에도 이방원을 도와 그의 총애를 받았다. ▶ **1권** 60, 78, 87, 109

### 조온(趙溫, 1347~1417)

조선 전기의 문신. 개국에 공을 세워 개국 2등 공신에 책록되고, 한천군(漢川君)에 봉해졌다. 1398년 제1차 왕자의 난 때 이방원을 도와 공을 세워 정사 2등 공신에 책록되고, 1400년 제2차 왕자의 난 때에는 방간 등의 군사를 평정했다. ▶ **3권** 130

### 조의생(曺義生, ?~?)

고려 후기에 충절을 지킨 문인. 어려서부터 독서를 좋아했고 행동에 절개가 있었다. 고려가 망하자 임선미 등과 함께 은둔했다. 조정의 부름에 끝까지 응하지 않았다. ▶ **1권** 38

**조준**(趙浚, 1346~1405)

호는 우재(吁齋)·송당(松堂). 고려 후기~조선 전기의 문신. 고려 후기 전제 개혁을 단행해 조선 개국의 경제적인 기반을 닦았다. 이성계를 추대해 개국 공신이 되었고 제1차 왕자의 난 전후로 이방원을 세자로 책봉할 것을 주장하며 태종을 옹립했다. 토지 제도에 대한 해박함을 바탕으로 『경제육전』을 편찬했다. 문집으로는 『송당문집』이 있다. ▶ **1권** 24, 30, 45-47, 97

**조지겸**(趙持謙, 1639~1685)

호는 우재(迁齋)·구포(鳩浦). 조선 후기의 문신이다. 사간 때 서인 김익훈이 남인의 모반 사건을 허위 조작해 남인을 해치려 하자, 이를 탄핵해서 처단할 것을 주장했다. 이때 송시열이 김익훈을 비호하자 다시 송시열을 공박했다. 그 결과 그는 소론의 중심 인물이 되었다. ▶ **4권** 82

**조지서**(趙之瑞, 1454~1504)

호는 지족정(知足亭)·충헌(忠軒). 조선 전기의 문신이다. 통신사 이계동의 군관으로 일본에 다녀왔다. 성종 때 청백리에 녹선되었고, 시문에 능했다. ▶ **2권** 159 **3권** 21

## 조태구(趙泰耉, 1660~1723)

호는 소헌(素軒)·하곡(霞谷). 조선 후기의 문신이자 소론의 영수. 노론과 대립하던 중 노론 4대신이 주청해 세제의 대리청정이 실시되자 이를 반대해 환수시켰다. 이어 노론 4대신을 역모죄로 몰아간 뒤 영의정에 올랐다. ▶ **4권** 118, 130, 135

## 조태억(趙泰億, 1675~1728)

호는 겸재(謙齋)·태록당(胎祿堂). 조선 후기의 문신으로 세제의 책봉과 대리청정을 반대해 철회시켰다. 신임사화를 일으켜 정권을 잡았으며, 영조가 즉위한 뒤 「반교문」을 작성해 좌의정에 이르렀다. ▶ **4권** 129, 131, 133

## 조태채(趙泰采, 1660~1722)

호는 이우당(二憂堂). 조선 후기의 문신이다. 공조판서·이조판서를 거쳐 우의정에 올랐고 노론 4대신의 한 사람으로 세제 책봉을 건의·실현시켜 대리청정하게 했다. 그러나 소론의 반대로 철회되고 말았다. ▶ **4권** 8, 108, 117, 119, 142

## 조헌(趙憲, 1544~1592)

호는 중봉(重峯). 조선 중기의 문신이자 의병장. 임진왜란이 일어나자 옥천에서 의병을 일으켜 승병과 합세해 청주를 탈

환했다. 뒤이어 전라도로 가는 왜군을 막기 위해 금산 전투를 벌이다 의병들과 함께 전사했다. ▶ **3권** 120, 137, 144 **4권** 197

## 조현명(趙顯命, 1690~1752)

호는 귀록(歸鹿)·녹옹(鹿翁). 조선 후기의 문신으로 경상도관찰사 재직 중 대마도에 화재가 발생했는데, 조정에서 쌀을 보내려 하자 반대해 파직되었다. 이후 전라도관찰사·이조판서·공조판서 등을 역임한 뒤 우의정에 올라 탕평책을 지지했다. ▶ **4권** 141-143, 145-148 **5권** 35

## 창왕(昌王, 1380~1389)

본명은 창(昌)으로 우왕의 아들이다. 위화도 회군 이후 우왕이 강화도로 추방되자 조민수와 이색 등이 9세인 그를 왕위에 오르도록 만들었다. 권문세가에 의해 무너진 토지 제도를 바로잡는 방법을 강구했고, 문란했던 공부의 법을 바로잡기 위해 각 도의 원수·도순문사·안렴사 등이 군민으로부터 받았던 사선(私膳)을 금지시켰다. ▶ **1권** 22, 26, 154

## 최만리(崔萬理, ?~1445)

호는 강호산인(江湖散人). 훈민정음이 창제된 뒤 1444년 6조목의 이유를 들어 이를 반대하는 「상소」를 올려 한때 세종의

노여움을 샀다. 조선 시대의 손꼽히는 청백리다. ▶ **1권** 170

**최명길**(崔鳴吉, 1586~1647)

호는 지천(遲川). 조선 중기의 문신이자 인조반정에 참여한 반
정공신이다. 병자호란 때 강화를 주관해 인조의 신임을 얻었
으며 대명·대청 외교를 맡아 개혁을 추진하면서 국정 또한
주도했다. ▶ **4권** 15, 26, 27, 33, 43

**최무선**(崔茂宣, 1325~1395)

고려 후기의 관료로, 왜구가 창궐하자 화약의 필요성을 절감
하고 염초 제조법을 배워 화약 개발에 성공했다. 조정에 건의
해 1377년에 화통도감 설치를 이끌어냈으며, 1380년 진포에
서 왜선을 섬멸하는 데 공을 세웠다. ▶ **1권** 182

**최석항**(崔錫恒, 1654~1724)

호는 손와(損窩)·돈와(遯窩). 조선 후기의 문신으로 1684년 이
익을 탄핵하다 파직당했다. 이후 재등용되어 경상도관찰사가
되었다. 1721년 소론으로서 신임사화 때 노론을 실각케 하고
우의정에 올랐다. 1723년 『숙종실록』 편찬을 주재하고, 이듬
해 좌의정이 되었다. ▶ **4권** 118, 135

**최시형**(崔時亨, 1827~1898)

최제우에 이어 동학의 제2대 교주가 됐다. 교조의 신원·포덕의 자유·탐관오리 숙청 등을 조정에 요구했다. 1894년 전봉준이 주도한 동학 농민 운동에 호응해 10만 여 병력을 일으켰다. 하지만 연이어 패배했고 결국 1898년 원주에서 체포되어 처형당하고 말았다. ▶ **5권** 148-151, 154

**최영**(崔瑩, 1316~1388)

시호는 무민(武愍). 고려의 충신이자 명장. 1359년 홍건적이 서경을 함락하자 이방실 등과 함께 이를 물리쳤다. 1361년에도 창궐한 홍건적이 개경까지 점령하자 이를 격퇴해 전리판서에 올랐다. 이후에도 흥왕사의 변·제주 목호의 난을 진압했으며, 1376년에 삼남 지방을 휩쓴 왜구를 홍산에서 대파했다. ▶ **1권** 14-22, 30, 104, 107

**최윤덕**(崔潤德, 1376~1445)

조선 전기의 무신. 대마도 정벌과 4군 설치, 읍성 축조 등 조선 전기 국방 체계를 강화하는 데 큰 공을 세웠다. 무신으로서 정승의 자리에도 올라 '장상(將相)'으로 불리며 후대에도 높게 평가됐다. ▶ **1권** 146, 149, 201

## 최익현(崔益鉉, 1833~1906)

호는 면암(勉菴). 흥선대원군의 실정을 상소해 관직을 삭탈당한 조선 후기의 지사이다. 이후 조일 수호 조약과 단발령에 격렬히 반대했으며, 을사늑약이 체결되자 항일 의병 운동의 전개를 촉구하며 의병을 모았다. 그러나 순창에서 패배해 대마도에 유배되고 말았다. ▶ **5권** 126, 135, 168, 183

## 최입(崔岦, 1539~1612)

호는 간이(簡易)·동고(東皐). 1594년 주청부사로 명나라에 다녀왔다. 1595년 판결사 등을 거쳐 형조참판에 이르렀고 훗날 평양에 은거했다. 명문장가로 이름을 떨쳤다. 저서로는 『간이집』『주역본의구결부설』 등이 있다. ▶ **3권** 131

## 최제우(崔濟愚, 1824~1864)

호(號)는 수운(水雲). 조선 후기의 종교사상가로 민족 고유의 경천(敬天) 사상을 바탕으로 유(儒)·불(佛)·선(仙)과 도참 사상·후천개벽 사상 등의 민중 사상을 융합해 동학을 창시했다. 동학은 민중의 평등의식을 반영하고 고취시키는 역할을 했다. 아울러 지배층의 성리학에 대항해 사회 변화를 향한 의지를 북돋아주는 사상의 기초를 제공했다. ▶ **5권** 6, 63-68, 148

## 최항(崔恒, 1409~1474)

호는 태허정(太虛亭)·동량(幢梁). 조선 전기의 대학자. 역사·언어 등에 정통하며 문장이 뛰어났다. 1434년 집현전 부수찬이 되어 정인지 등과 함께 훈민정음 창제에 참여했다. 양성지의 『잠서』를 국역으로 간행하고,『경국대전』편찬을 통해 조선 전기의 법률 제도를 집대성했다. 문집으로는『태허정집』『관음현상기』 등이 있다. ▶ **1권** 10, 139, 162, 168 **2권** 44, 64, 66, 83, 94

## 하위지(河緯地, 1412~1456)

호는 단계(丹溪)·연풍(延風). 사육신의 한 사람으로 침착하고 과묵한 청백리였다. 1456년 성삼문 등과 단종 복위를 꾀하다가 실패하고 체포되어 동료와 함께 거열형(車裂刑)에 처해졌다. ▶ **1권** 139 **2권** 60, 64, 66, 83

## 하윤(河崙, 1347~1416)

호는 호정(浩亭). 고려 후기~조선 전기의 문신. 이방원을 도와 왕위에 오르게 했고, 왕권 강화의 기틀을 다졌다. 이첨과 함께 『동국사략』을 편수했고, 저서로는 문집『호정집』이 있다.

▶ **1권** 6, 44, 60, 89, 93, 98, 105-109, 150 **2권** 22

**한명회**(韓明澮, 1415~1487)

호는 압구정(狎鷗亭)·사우당(四友堂). 1453년 계유정난 때 수양대군을 도왔다. 1455년 세조가 즉위하자 좌부승지에 승진, 그해 좌익 1등 공신으로 우승지가 되었다. 이듬해 사육신의 단종 복위 운동을 좌절시키고, 이들을 살해하는 데 가담했다.

▶ **2권** 5, 9, 39-44, 56-59, 76-78, 81-83, 90, 94-98, 101, 103, 105, 107, 111, 114-116, 144-146, 154, 167, 180


**허목**(許穆, 1595~1682)

호는 미수(眉叟). 조선 중기의 학자이자 문신이다. 이황·정구의 학통을 이어받아 이익에게 연결시키는 과정을 통해 기호 남인의 선구이자 남인 실학파의 기반이 되었다. 문집으로는 『기언』이 있다. ▶ **4권** 5, 64-67, 70, 76, 79, 94


**허성**(許筬, 1548~1612)

호는 악록(岳麓)·산전(山前). 조선 중기의 문신. 통신사로 일본에 다녀온 후 김성일과 같은 동인인데도 일본의 침략 가능성이 낮다는 그의 보고에 반기를 들었다. 임진왜란이 일어나자 자청해서 군병 모집에 진력했다. ▶ **3권** 136, 157, 186

**허적**(許積, 1610~1680)

호는 묵재(默齋)·휴옹(休翁). 조선 중기의 문신으로 호조판서·병조판서를 지내고, 영의정까지 올랐다. 인선대비가 죽어 자의대비의 제2차 복상 문제에서 1년설을 주장해 채택되고, 송시열의 처벌을 두고 온건론을 펼쳐 탁남의 영수가 되었다. ▶ **4권** 68, 74, 76, 79-84

**허조**(許稠, 1369~1439)

호는 경암(敬菴). 태종 초에는 직언으로 미움을 받기도 했지만 강직한 성품을 인정받아 이조정랑·호군·경승부소윤·판사섬시사 등을 지냈다. 1438년 우의정을 거쳐 좌의정을 지냈다. ▶ **1권** 157, 199-20

**허종**(許琮, 1434~1494)

호는 상우당(尚友堂). 1466년 이시애의 난이 일어나자 3만 명의 군사를 이끌고 난을 평정했다. 예조판서·호조판서·좌참찬·이조판서 등을 역임하고 1492년 우의정에 올랐다. 문집으로는『상우당집』이 있다. ▶ **2권** 155

**허침**(許琛, 1444~1505)

호는 이헌(頤軒). 조선 전기의 문신으로 우의정에 이어 좌의정까지 올랐다. 갑자사화에 화를 면했고, 말년에 연산군의 폭정을 바로잡으려 노력했다. 학문이 깊고 문장이 뛰어났으며 청백리에 녹선됐다. ▶ **2권** 159

## 혜경궁 홍 씨(惠慶官 洪 氏, 1735~1815)

사도세자의 부인이자 정조의 어머니. 1744년 세자빈에 책봉되었다. 1762년에 윤급·나경언 등의 고변으로 사도세자가 살해된 후 혜빈(惠嬪)의 호를 받았다. 1776년 아들 정조가 즉위하자 궁호가 혜경(惠慶)으로 올랐다. 저서로는 『한중록』이 있다. ▶ **4권** 162, 166, 173, 188 **5권** 13

## 홍경래(洪景來, 1771~1812)

1801년에 각지를 다니며 사람을 끌어모은 뒤 봉기를 준비하기 시작했다. 10년간의 준비 끝에 1811년 12월 18일 가산 다복동의 봉기를 시작으로 만 4개월 동안 반란을 총지휘했다. 폭정과 민중 탄압을 비판하며, 초인이 나타나 세상을 구원할 것이라는 정진인설(鄭眞人說)을 중요한 이념으로 제시했다. 한계는 있었지만, 지배계층이 아닌 인물이 대규모의 항쟁을 주도했다는 점을 높이 평가할 수 있다. ▶ **5권** 26-28, 91

## 홍계희(洪啓禧, 1703~1771)

호는 담와(淡窩). 조선 후기의 문신이다. 1750년에 병조판서가 되어 균역법을 시행하는 데 힘썼다. 『열성지』를 증보하고, 『해동악』을 지었다. 저서로는 『삼운성휘』가 있다. ▶ **4권** 152, 158, 172, 191

## 홍국영(洪國榮, 1748~1781)

사도세자를 죽이는 데 주동 역할을 한 벽파가 세손(정조)마저 해하려 음모를 꾀하자 이를 막아내어 세손의 신임을 얻었다. 정조를 즉위시키는 데 전력을 다했고 마침내 도승지에 올라 세도 정권을 이뤄 온갖 횡포를 일삼았다. ▶ **4권** 10, 165, 168, 172-177, 179, 197

## 홍봉한(洪鳳漢, 1713~ 1778)

호는 익익재(翼翼齋). 노론과 소론이 대립하는 1762년, 세자가 죽음을 당할 때 방관적인 태도를 보여 정적들로부터 많은 공격을 받았다. 그러나 영조가 세자에 대한 처분을 뉘우치자, 그 사건을 초래한 김구주 일파를 탄핵해 정권을 장악했다. 조선 후기 문화 부흥에 많은 업적을 남겼다. ▶ **4권** 9, 150, 152, 156, 162, 165-167, 173

## 홍여순(洪汝諄, 1547~1609)

조선 중기의 문신으로 임진왜란 당시 중추부지사로 북도순찰사를 지냈으나 간악한 면이 있어 대간으로부터 탄핵당했다. 왜구가 사라진 뒤 북인으로서 정권을 잡았지만, 곧 분당해 남이공의 소북과 당쟁을 벌이다 결국 삭작당했다. ▶ 3권 158

## 홍영식(洪英植, 1855~1884)

호는 금석(琴石). 개화당의 중진으로, 신설된 우정국의 총판(總辦)이었다. 낙성연 때 갑신정변을 일으켜 사대당을 제거하고 신정부를 조직했다. 그러나 정변이 삼일천하로 끝나버리자 대역죄로 처형되고 말았다. ▶ 5권 142, 147

## 홍인한(洪麟漢, 1722~1776)

조선 후기의 문신으로 전라도관찰사·대사헌·우의정·좌의정 등을 지냈다. 벽파에 가담해 정조의 즉위를 반대했으나 정조가 즉위하자 유배된 뒤 처형당했다. ▶ 4권 163, 165

## 홍재학(洪在鶴, 1848~1881)

조선 후기 유생이며 지사이다. 1880년 김홍집의 영향으로 개혁 정책이 적극성을 띠자 이에 격분해 상경했다. 수구파에 가담해 관동 대표로서 척외를 상소하며 개화를 결사적으로 반대

했다. ▶ **5권** 137

**홍직필**(洪直弼, 1776~1852)

호는 매산(梅山). 조선 후기의 주리파 성리학자로 문장에 뛰어
났고 육경은 물론 제자백가에 통달했다. 평생 많은 관직에 임
명되었으나 끝내 응하지 않았다. 평생을 성리학을 연구하는
데만 전념했다. ▶ **5권** 60-62

**홍치중**(洪致中, 1667~1732)

호는 북곡(北谷). 조선 후기의 문신이다. 북평사로 청나라 사
신과 함께 백두산으로 가서 경계를 정했다. 그 뒤에 통신사로
일본에 다녀온 후에 우의정·좌의정을 거쳐 영의정에 올랐다.
▶ **4권** 133-135, 142

**황보인**(皇甫仁, 1387~1453)

호는 지봉(芝峰). 조선 전기의 문신. 세종 때 장령·강원도관찰
사를 거쳐 병조판서를 지냈다. 1440년 평안도와 함길도체찰
사가 된 후 10년 동안 절제사 김종서와 함께 6진을 개척했다.
▶ **1권** 10 **2권** 4, 28, 34, 37, 40, 43, 45, 65, 82, 172

**황윤길**(黃允吉, 1536~?)

1590년 통신사로 일본에 파견되었고 이듬해 귀국해 장차 일본이 한반도를 반드시 침략할 것이라고 보고했다. 이것은 김성일의 보고와 상반됐으나, 동인이 강했던 조정은 서인인 그의 의견을 묵살했다. ▶ **3권** 136

**황주량**(黃周亮, ?~?)

시호는 경문(景文). 고려 시대의 문신으로 거란이 침입하면서 소실되어버린 역대『실록』편찬에 참여했다. 중추사로서 수국사가 되어 태조에서부터 목종에 이르는 7대의 사적을 36권에 수록·완성했다. ▶ **1권** 153

**황희**(黃喜, 1363~1452)

호는 방촌(厖村). 조선 전기의 재상으로 18년간 영의정에 재임했다. 태종은 물론 세종이 가장 신임하는 재상으로 명성이 높았다. 또한 인품이 원만하고 청렴해 백성의 존경을 받았다. 시문에도 뛰어나 몇 수의 시조 작품도 남겼다. 저서로는『방촌집』이 있다. ▶ **1권** 196-202

**효령대군**(孝寧大君, 1396~1486)

시호는 정효(靖孝). 태종 이방원의 둘째 아들이며 어머니는 원경왕후 민 씨이다. 독서를 즐기고 활쏘기에 능했으며, 효성이 지극했다. 형인 양녕이 세자에서 폐위되자 자신이 세자로 책봉될 것으로 생각했으나 동생 충녕이 세자로 책봉되자 그 이후 불교에 심취했다. 원각사를 창건할 때 역사(役事)를 친히 감독하고, 『원각경』을 국역했다. ▶ **1권** 112, 124

## 희빈 장 씨(張禧嬪, 1659~1701)

조선 숙종의 빈인 소의 장 씨. 1688년 훗날 경종이 된 왕자 윤(昀)을 낳았다. 숙종은 1689년에 왕비 민 씨를 폐하고 장희빈을 왕비에 앉혔다. 그러나 민비를 폐비한 것을 후회한 숙종은 마침 일어난 민비 복위 운동과 관련해 도리어 남인을 제거하고 소론을 등용했다. 그리고 장 씨를 희빈으로 강등해 폐비시키고 민비를 다시 왕비로 맞아들였다. ▶ **4권** 76, 100, 103, 109, 114, 122

연보

## 고려 후기

## 제1대 태조(재위 기간: 1392~1398)

|  | 노비변정도감 설치 |
|---|---|
|  | 예문관·춘추관 설치 |
| 1396년(태조 5) | 신덕왕후 사망 |
|  | 대마도 정벌 |
| 1397년(태조 6) | 내명부 제도 정립 |
|  | 『경제육전』 간행 |
|  | 가례도감 설치 |

## 제2대 정종(재위 기간: 1398~1400)

| 1398년(정종 즉위년) | 사병 해산 |
|---|---|
|  | 제1차 왕자의 난 |
|  | 정도전 사망 |
|  | 정종 즉위 |
|  | 숭례문 창건 |
| 1399년(정종 1) | 개경 환도 |
|  | 분경금지법 실시 |
|  | 노비변정도감 혁파 |
| 1400년(정종 2) | 도평의사사 의정부로 개편 |

## 제3대 태종(재위 기간: 1400~1418)

| 1400년(태종 즉위년) | 제2차 왕자의 난 |
|---|---|
|  | 방원 세자 책봉 |
|  | 사병 혁파 |
|  | 의정부 신설, 승정원 설치 |
|  | 노비변정도감 재설치 |
| 1401년(태종 1) | 노비변정도감 혁파 |
|  | 저화 주조 |
|  | 신문고 설치 |

| 1402년(태종 2) | 무과 과거 실시 |
| | 조사의의 난 |
| 1403년(태종 3) | 주자소 설치, 계미자 제작 |
| | 『동국사략』 |
| 1404년(태종 4) | 양녕대군 세자 책봉 |
| | 변명주문 재차 요청했으나 실패 |
| 1405년(태종 5) | 한양 재천도 |
| | 창덕궁 완공 |
| | 노비변정도감 재설치 후 곧바로 혁파 |
| 1406년(태종 6) | 전국 사찰 토지와 노비 국고 환수 |
| | 불교 종파 축소(12개→7개) |
| | 창경궁 완공 |
| | 선위 파동 |
| | 십학 설치 |
| 1407년(태종 7) | 현자포 1만 문 전국 배치 |
| 1408년(태종 8) | 태조 사망 |
| 1409년(태종 9) | 『태조실록』 편찬 |
| 1410년(태종 10) | 여진족 섬멸 |
| 1412년(태종 12) | 경회루 완성 |
| 1413년(태종 13) | 『태조실록』 완성 |
| | 호패법 실시 |
| 1414년(태종 14) | 『고려사』 개수 명령 |
| | 노비변정도감 재설치 후 곧바로 혁파 |
| 1415년(태종 15) | 거북선 개발 |
| | 서얼차대법 성문화 |
| | 조지소 설치 |
| 1416년(태종 16) | 도첩제 실시 |
| | 조관관복제 정비 |
| 1417년(태종 17) | 『향약구급방』 간행 |
| 1418년(태종 18) | 중앙 군제 개편(십사→십이사) |
| | 양녕대군 폐세자함 |
| | 충녕대군 세자 책봉 |

# 제4대 세종(재위 기간: 1418~1450)

| | |
|---|---|
| 1418년(세종 즉위년) | 세종 즉위 |
| | 태종 병권 장악 |
| 1419년(세종 1) | 대마도 정벌 |
| 1420년(세종 2) | 집현전 설치 |
| | 태종비 원경왕후 사망 |
| | 경자자 개발 |
| | 수령 고소 금지법 제정 |
| 1421년(세종 3) | 향(문종), 세자 책봉 |
| 1422년(세종 4) | 태종 사망 |
| 1423년(세종 5) | 조선통보 주조 결정 |
| 1424년(세종 6) | 선교 양종 통합, 전국 사찰 정리(36개) |
| | 12세 이하 처녀의 혼인 금지 |
| 1426년(세종 8) | 삼포(부산포·염포·제포) 개항 |
| | 『정종실록』 완성 |
| | 한양 방화 사건 |
| | 금화도감 설치, 방화법 제정 |
| 1427년(세종 9) | 과거 실시 |
| | 향(문종), 휘빈 김 씨와 혼인 |
| | 편종·편경 제작, 십이율관 완성 |
| 1428년(세종 10) | 유향소 설치 |
| 1429년(세종 11) | 『농사직설』 편찬 |
| 1430년(세종 12) | 『농사직설』 반포 |
| 1431년(세종 13) | 『향약채취월령』 반포 |
| | 도량형 통일 |
| | 『태종실록』 완성 |
| 1432년(세종 14) | 『팔도지리지』 편찬 |
| | 여진 정벌, 2군 설치 |
| | 간의 제작, 간의대 축조 |
| 1433년(세종 15) | 『향약집성방』 편찬 |
| | 혼천의 제작(문헌상 최초) |

|  | 『계축진설』 편찬 |
| 1434년(세종 16) | 앙부일구·자격루 제작 |
|  | 갑인자 제작 |
|  | 사민 정책 실시 |
| 1435년(세종 17) | 여진 정벌, 6진 개척 시작 |
|  | 일발다전포 개발, 비격진천뢰 제작 |
|  | 한성부 호적 작성 |
| 1436년(세종 18) | 육조직계제 의정부서사제로 변경 |
| 1437년(세종 19) | 4군 설치 |
| 1438년(세종 20) | 흠경각 완성, 간의대에서 천문 관측 |
| 1439년(세종 21) | 성주·전주에 사고(史庫) 설치 |
| 1440년(세종 22) | 화약고에 제약청 설치 |
| 1441년(세종 23) | 하삼도 가호 1,600호 함길도로 이주 |
|  | 측우기·수표 제작 |
|  | 홍위(단종) 탄생 |
|  | 현덕왕후 권 씨 사망 |
| 1442년(세종 24) | 첨사원 설치 |
|  | 중앙군제 개편(십이사→십사) |
|  | 첨사원 제도 개정 |
| 1443년(세종 25) | 훈민정음 창제 |
|  | 일본에 통신사 파견 |
|  | 대마도 도주와 조약 체결 |
|  | 천자포·완구 개발 |
| 1444년(세종 26) | 『칠정산 내외편』 편찬 |
|  | 전분6등법·연분9등법 적용 |
|  | 결부법 개정 |
| 1445년(세종 27) | 세자(문종) 섭정 시작 |
|  | 『용비어천가』 편찬 |
|  | 『의방유취』 완성 |
|  | 사표국 설치 |
|  | 총통위 창설 |
|  | 중앙 군제 개편(십사→십이사) |

| 1446년(세종 28) | 훈민정음 반포 |
| | 공법 확정 |
| 1447년(세종 29) | 『동국정운』 편찬 |
| | 『용비어천가』 편찬 |
| | 『석보상절』 편찬 |
| | 『사성통고』 완성 |
| | 수령 고소 허용 |
| 1448년(세종 30) | 홍위(단종) 왕세손 책봉 |
| 1449년(세종 31) | 『월인천강지곡』 편찬 |

## 제5대 문종(재위 기간: 1450~1452)

| 1450년(문종 즉위년) | 문종 즉위 |
| | 황(예종) 탄생 |
| 1451년(문종 1) | 『고려사』 편찬 |
| | 『오위진법』 편찬 |
| | 중앙 군제 개편(십이사→오사) |
| 1452년(문종 2) | 『고려사절요』 편찬 |
| | 문종 사망 |

## 제6대 단종(재위 기간: 1452~1455)

| 1452년(단종 즉위년) | 단종 즉위 |
| | 의정부 대신들이 수렴청정 |
| | 황표정사 실시 |
| 1453년(단종 1) | 계유정난 |
| | 이징옥의 난 |
| 1454년(단종 2) | 단종, 정순왕후와 혼인 |
| | 『세종실록』 완성 |
| 1455년(단종 3) | 단종, 수양대군에게 왕위 이양 |

## 제7대 세조(재위 기간: 1455~1468)

| | |
|---|---|
| 1463년(세조 9) | 홍문관 설치 |
| | 『동국지도』 편찬 |
| 1465년(세조 11) | 원각사 중건 |
| | 함경도에 양전 사업과 호패법 실시 |
| 1466년(세조 12) | 과전법 혁파 |
| | 직전법 실시 |
| | 『경국대전』 이전·예전·병전·공전 완성 |
| 1467년(세조 13) | 이시애의 난 |
| | 여진 정벌 |
| | 원상제 실시 |
| | 유향소 혁파 |
| 1468년(세조 14) | 세조 사망 |

## 제8대 예종(재위 기간: 1468~1469)

| | |
|---|---|
| 1468년(예종 즉위년) | 예종 즉위 |
| | 남이의 옥 |
| 1469년(예종 1) | 예종 사망 |

## 제9대 성종(재위 기간: 1469~1494)

| | |
|---|---|
| 1469년(성종 즉위년) | 성종 즉위 |
| | 정희왕후 수렴청정 |
| | 삼포에 사무역 금지 |
| | 민수의 사옥 |
| | 『무정보감』 간행 |
| 1470년(성종 1) | 구성군 사건 |
| 1471년(성종 2) | 의경세자, 덕종으로 추존 |
| | 『세조실록』 편찬 |
| 1472년(성종 3) | 『예종실록』 편찬 |

| 1473년(성종 4) | 전주 사고로 『실록』 옮김 |
|---|---|
| 1474년(성종 5) | 『국조오례의』 완성 |
| 1476년(성종 7) | 성종 친정 시작 |
| | 『삼국사절요』 간행 |
| 1478년(성종 9) | 집현전 직제 홍문관에 이양 |
| 1479년(성종 10) | 숙의 윤 씨 폐출 |
| 1481년(성종 12) | 『동국여지승람』 편찬 |
| 1482년(성종 13) | 폐비 윤 씨 사망 |
| 1483년(성종 14) | 융(연산군), 세자 책봉 |
| 1484년(성종 15) | 창경궁 완성 |
| | 『동국통감』이 완성 |
| 1485년(성종 16) | 『경국대전』 반포 |
| 1488년(성종 19) | 유향소 재설치 |
| | 진성대군(중종) 탄생 |
| 1492년(성종 23) | 도첩제 폐지 |
| 1493년(성종 24) | 『악학궤범』 완성 |
| 1494년(성종 25) | 성종 사망 |

## 제10대 연산군(재위 기간: 1494~1506)

| 1494년(연산군 즉위년) | 연산군 즉위 |
|---|---|
| 1498년(연산군 4) | 조의제문 파문 |
| | 무오사화 |
| 1499년(연산군 5) | 『성종실록』 완성 |
| 1500년(연산군 6) | 홍길동 처형 |
| | 과부 재가 금지 |
| 1503년(연산군 9) | 전국에 지진 발생 |
| 1504년(연산군 10) | 갑자사화 |
| | 사가독서 제도 폐지 |
| | 인수대비 사망 |
| 1506년(연산군 12) | 중종반정 |

연산군 폐위

## 제11대 중종(재위 기간: 1506~1544)

| | |
|---|---|
| 1506년(중종 1) | 중종 즉위 |
| | 연산군, 강화도 유배 |
| | 단경왕후 신 씨 폐위 |
| | 연산군 사망 |
| 1509년(중종 4) | 『연산군 일기』 완성 |
| 1510년(중종 5) | 삼포 왜란 |
| | 비변사 설치 |
| 1513년(중종 8) | 현덕왕후의 소릉 복위, 현릉으로 이장 |
| 1515년(중종 10) | 호(인종) 탄생 |
| | 장경왕후 윤 씨 사망 |
| 1517년(중종 12) | 『여씨향약언해』 간행 |
| | 향약 보급, 8도 확산 |
| 1518년(중종 13) | 소격서 혁파 |
| 1519년(중종 14) | 현량과 실시 후 폐지 |
| | 위훈 삭제 사건 |
| | 기묘사화 |
| | 조광조 사사 |
| 1520년(중종 15) | 호(인종), 세자 책봉 |
| 1521년(중종 16) | 신사무옥 |
| 1522년(중종 17) | 소격서 부활 |
| | 비변사 설치 |
| 1527년(중종 22) | 작서의 변 |
| 1534년(중종 29) | 경원대군(명종) 탄생 |
| 1538년(중종 33) | 현량과 급제자 재 등용 |
| | 기묘현량과 급제자 사면 |
| 1540년(중종 35) | 도박과 혼인 사치 금지 |
| 1543년(중종 38) | 주세붕 백운동서원 건립 |

1544년(중종 39)          중종 사망

## 제12대 인종(재위 기간: 1544~1545)

1544년(인종 즉위년)     인종 즉위
1545년(인종 1)          인종 사망

## 제13대 명종(재위 기간: 1545~1567)

1545년(명종 즉위년)     명종 즉위
                      문정왕후 수렴정정
                      을사사화
1547년(명종 2)          정미사화
                      양재역 벽서 사건
                      대마도와 관계 단절
1551년(명종 6)          도승제 부활
                      선교 양종 부활
                      승려 보우 봉은사 주지 임명
1552년(명종 7)          승과 부활
                      사원전 면세
                      명일 연합 해적 제주도 침입
                      선조 탄생
1553년(명종 8)          문정왕후 수렴청정 종료
                      명종 친정 시작
1555년(명종 10)         비변사 강화, 의정부 축소
                      판옥선 개발
                      을묘왜변
1557년(명종 12)         부(순회세자), 세자 책봉
1559년(명종 14)         임꺽정의 난(임꺽정에 대한 최초의 기록)
1560년(명종 15)         이황 도산서원 건립

| 1562년(명종 17) | 임꺽정, 황해도 서흥에서 체포 |
| 1563년(명종 18) | 순회세자 사망 |
| 1565년(명종 20) | 문정왕후 사망 |
| | 보우, 제주도로 유배 후 사망 |
| 1566년(명종 21) | 선교 양종 철폐, 승과와 도첩제 폐지 |
| 1567년(명종 22) | 명종 사망 |
| | 인순왕후, 왕위 계승자로 하성군(선조) 지목 |

## 제14대 선조(재위 기간: 1567~1608)

| 1567년(선조 즉위년) | 선조 즉위 |
| 1569년(선조 2) | 의인왕후 왕비 책봉 |
| 1570년(선조 3) | 문묘종사 논의 |
| 1572년(선조 5) | 이준경 붕당 예고 |
| 1573년(선조 6) | 문묘종사 재차 논의 |
| 1575년(선조 8) | 사림, 동인과 서인으로 분열(동서 분당) |
| 1587년(선조 20) | 광해군, 문성군부인 유 씨와 혼인 |
| | 대사령 반포 |
| | 중광문과 설치 |
| | 왜구, 전라도 손죽도 침범 |
| 1589년(선조 22) | 동인, 남인과 북인으로 분열 |
| | 종계변무 완료 |
| | 정여립의 난 |
| | 기축옥사 |
| 1590년(선조 23) | 일본에 통신사 파견 |
| 1592년(선조 25) | 임진왜란 |
| | 광해군 세자 책봉 |
| | 광해군 분조 시작 |
| 1593년(선조 26) | 조명 연합군 평양성 탈환 |
| | 광해군 분조 종료 |
| 1597년(선조 30) | 정유재란 |

| 1598년(선조 31) | 도요토미 히데요시 사망 |
| 1599년(선조 32) | 북인, 대북과 소북으로 분열 |
| 1600년(선조 33) | 대북, 육북과 골북으로 분열 |
| | 『퇴계집』 발간 |
| | 의인왕후 사망 |
| 1602년(선조 35) | 인목왕후 왕비 책봉 |
| 1606년(선조 39) | 영창대군 탄생 |
| 1607년(선조 40) | 종(인조), 능양군으로 책봉 |
| 1608년(선조 41) | 선조 사망 |

## 제15대 광해군(재위 기간: 1608~1623)

| 1608년(광해군 즉위년) | 광해군 즉위 |
| | 소북 유영경 제거 |
| | 임해군의 옥사 |
| | 대동법 실시 |
| 1609년(광해군 1) | 임해군 사망 |
| | 명나라 인준을 받아 책봉례 거행 |
| 1610년(광해군 2) | 문묘종사 완료 |
| | 능양군, 인렬왕후와 혼인 |
| 1611년(광해군 3) | 정인홍, 「회퇴변척소(晦退辨斥疏)」 올림 |
| 1612년(광해군 4) | 김직재의 옥사 |
| | 소현세자 탄생 |
| 1613년(광해군 5) | 유릉 저주 사건 |
| 1614년(광해군 6) | 영창대군 사망 |
| 1616년(광해군 8) | 『선조실록』 완성 |
| 1618년(광해군 10) | 인목대비 폐비 |
| | 후금, 명나라와 전쟁 |
| | 조선, 군사 1만 명 명나라에 파병 |
| 1619년(광해군 11) | 조·명 연합군 후금에 대패 |
| | 강홍립 투항 |

|  | 봉림대군 탄생 |
| 1620년(광해군 12) | 이귀·김자점의 모의 |
| 1622년(광해군 14) | 『남명집』 발간 |
| 1623년(광해군 15) | 인조반정 |
|  | 광해군 폐위 |

## 제16대 인조(재위 기간: 1623~1649)

| 1623년(인조 1) | 인조 즉위 |
|  | 소현세자 세자 책봉 |
|  | 이이·성혼 문묘 종사 거론 |
| 1624년(인조 2) | 이괄의 난 |
| 1626년(인조 4) | 계운궁 구 씨 사망 |
| 1627년(인조 5) | 정묘호란 |
| 1628년(인조 6) | 정원군 추숭 문제 논의 |
| 1631년(인조 9) | 정원군 추숭 공식 표명 |
| 1635년(인조 13) | 인렬왕후 사망 |
| 1636년(인조 14) | 후금 국호를 청으로 변경 |
|  | 조선에 군신 관계 강요 |
|  | 병자호란 |
| 1637년(인조 15) | 인조 항복 |
|  | 소현세자·봉림대군(효종) 볼모로 잡힘 |
|  | 청, 대청황제공덕비(삼전도비) 건립 요청 |
| 1639년(인조 17) | 삼전도비 건립 |
| 1641년(인조 19) | 연(현종), 심양에서 탄생 |
|  | 광해군 사망 |
| 1645년(인조 23) | 소현세자 사망 |
|  | 봉림대군(효종) 세자 책봉 |
| 1646년(인조 24) | 전복 구이 사건 |
|  | 강빈 사망 |
| 1649년(인조 27) | 연(현종), 왕세손 책봉 |

인조 사망

## 제17대 효종(재위 기간: 1649~1659)

1649년(효종 즉위년)　　효종 즉위
1651년(효종 2)　　　　김자점의 옥
　　　　　　　　　　연(현종), 왕세자 진봉
　　　　　　　　　　효명옹주 저주 사건
1652년(효종 3)　　　　북벌 준비 시작
1653년(효종 4)　　　　『인조실록』 완성
　　　　　　　　　　하멜 제주도 표착
1654년(효종 5)　　　　제1차 러시아 정벌
1655년(효종 6)　　　　금군 1,000명으로 확대
1658년(효종 9)　　　　송시열 정치 일선 복귀
　　　　　　　　　　제2차 러시아 정벌
1659년(효종 10)　　　 기해예송, 남인 집권
　　　　　　　　　　효종 사망

## 제18대 현종(재위 기간: 1659~1674)

1659년(현종 즉위년)　　현종 즉위
1661년(현종 2)　　　　순(숙종) 탄생
　　　　　　　　　　『효종실록』 완성
1666년(현종 7)　　　　영남 유생, 기년설 비판 3년설 지지
1667년(현종 8)　　　　순(숙종), 세자 책봉
1669년(현종 10)　　　 회니시비 사건, 노론·소론 분당의 계기가 됨
1671년(현종 12)　　　 숙종, 인경왕후와 혼인
1674년(현종 15)　　　 인선왕후 사망
　　　　　　　　　　갑인예송, 남인 집권
　　　　　　　　　　현종 사망

## 제19대 숙종(재위 기간: 1674~1720)

| | |
|---|---|
| 1674년(숙종 즉위년) | 숙종 즉위 |
| 1675년(숙종 1) | 삼복 비리 파문 |
| 1677년(숙종 3) | 『현종실록』 완성 |
| 1680년(숙종 6) | 경신환국, 서인 집권 |
| | 인경왕후 사망 |
| 1681년(숙종 7) | 이이·성혼 문묘 종사 |
| 1682년(숙종 8) | 금위영 창설 |
| 1688년(숙종 14) | 윤(경종) 탄생 |
| 1689년(숙종 15) | 기사환국 |
| 1690년(숙종 16) | 윤(경종), 세자 책봉 |
| 1694년(숙종 20) | 갑술환국 |
| | 금(영조) 탄생 |
| 1696년(숙종 22) | 단의왕후, 세자빈 책봉 |
| 1701년(숙종 27) | 인현왕후 사망 |
| | 희빈 장 씨 사망 |
| 1716년(숙종 42) | 병신처분 |
| 1717년(숙종 43) | 정유독대 |
| | 세자(경종) 대리청정 |
| 1718년(숙종 44) | 단의왕후 사망 |
| 1720년(숙종 46) | 숙종 사망 |

## 제20대 경종(재위 기간: 1720~1724)

| | |
|---|---|
| 1720년(경종 즉위년) | 경종 즉위 |
| 1721년(경종 1) | 신축옥사 |
| | 연잉군(영조), 세제 책봉 |
| 1722년(경종 2) | 임인옥사 |
| 1724년(경종 4) | 경종 사망 |

## 제21대 영조(재위 기간: 1724~1776)

| | |
|---|---|
| 1724년(영조 즉위년) | 영조 즉위 |
| | 이의연의 상소 |
| 1725년(영조 1) | 을사처분 |
| 1727년(영조 3) | 정미환국, 노론이 물러나고 소론 집권 |
| 1728년(영조 4) | 『숙종실록』 완성 |
| | 무신란 |
| 1729년(영조 5) | 기유처분 |
| 1732년(영조 8) | 『경종실록』 완성 |
| 1735년(영조 11) | 선(사도세자) 탄생 |
| 1740년(영조 16) | 경신처분 |
| 1741년(영조 17) | 신유대훈 반포 |
| | 임인옥사 무옥 확정 |
| 1742년(영조 18) | 탕평비 건립 |
| 1749년(영조 25) | 사도세자 대리청정 시작 |
| 1750년(영조 26) | 균역법 실시 |
| 1752년(영조 28) | 산(정조) 탄생 |
| 1755년(영조 31) | 나주괘서 사건 |
| | 을해옥사 |
| | 영조가 직접 경종 승하 해명 |
| 1757년(영조 33) | 정성왕후 사망 |
| 1759년(영조 35) | 영조, 정순왕후와 혼인 |
| 1762년(영조 38) | 사도세자 사망 |
| 1776년(영조 52) | 영조 사망 |

## 제22대 정조(재위 기간: 1776~1800)

| | |
|---|---|
| 1776년(정조 즉위년) | 정조 즉위 |
| | 규장각 설립 |
| 1777년(정조 1) | 숙위소 설치 |

|  | 정조 시해 미수 사건 |
| --- | --- |
| 1779년(정조 3) | 홍국영 축출 |
|  | 숙위소 혁파 |
| 1781년(정조 5) | 『영조실록』 완성 |
|  | 규장각 재정비 |
|  | 초계문신 제도 시행 |
| 1782년(정조 6) | 장용위 설치 |
| 1784년(정조 8) | 시파와 벽파 대립 |
| 1785년(정조 9) | 형조에서 천주교도 적발, 순교자 발생 |
| 1786년(정조 10) | 문효세자 사망 |
| 1787년(정조 11) | 장용위→장용청으로 승격 |
| 1788년(정조 12) | 장용청→장용영으로 개편 |
| 1789년(정조 13) | 영우원(사도세자 묘) 이장 발표 |
| 1790년(정조 14) | 화성 축성 논의 |
|  | 공(순조) 탄생 |
| 1791년(정조 15) | 신해통공 |
|  | 채제공 독상 체제 시작 |
|  | 신해박해 |
| 1792년(정조 16) | 영남 유생, 사도세자 신원 「상소」 올림 |
|  | 도산 서원에서 별시 개최 |
| 1793년(정조 17) | 장용영→장용내영·장용외영으로 분리 |
|  | 수원에 장용외영 설치 |
|  | 수원 명칭 '화성'으로 변경 |
| 1794년(정조 18) | 벽파 영수 김종수 강제 은퇴 |
|  | 화성 축조 계획 발표 |
| 1796년(정조 20) | 화성 완공 |
| 1799년(정조 23) | 정조, 경모궁 참배 |
|  | 임오의리 재차 천명 |
| 1800년(정조 24) | 오회연교 발표 |
|  | 공(순조), 왕세자 책봉 |
|  | 정조 사망 |

## 제23대 순조(재위 기간: 1800~1834)

| | |
|---|---|
| 1800년(순조 즉위년) | 순조 즉위 |
| | 정순왕후 수렴청정 |
| 1801년(순조 1) | 신유박해 |
| | 공노비제 혁파 |
| | 황사영 백서 사건 |
| 1802년(순조 2) | 순조, 순원왕후와 혼인 |
| | 장용영 혁파 |
| 1804년(순조 4) | 순조 친정 시작 |
| 1805년(순조 5) | 김달순의 옥사 |
| | 정순왕후 사망 |
| | 『정조실록』 완성 |
| 1811년(순조 11) | 홍경래의 난 |
| 1827년(순조 27) | 환(헌종) 탄생 |
| | 효명세자 대리청정 시작 |
| 1830년(순조 30) | 환(헌종), 왕세손 책봉 |
| | 효명세자 사망 |
| 1831년(순조 31) | 원범(철종) 탄생 |
| 1832년(순조 32) | 영국 상선 조선에 교역 요구 |
| 1834년(순조 34) | 『청구도』 제작 |
| | 순조 사망 |

## 제24대 헌종(재위 기간: 1834~1849)

| | |
|---|---|
| 1834년(헌종 즉위년) | 헌종 즉위 |
| | 순원왕후 수렴청정 |
| 1837년(헌종 3) | 헌종, 효현왕후와 혼인 |
| 1838년(헌종 4) | 『순조실록』 완성 |
| 1839년(헌종 5) | 프랑스 선교사 탄압, 기해박해 |
| | 『척사윤음』 반포 |

| | |
|---|---|
| 1840년(헌종 6) | 순원왕후 수렴청정 종료 |
| | 아편 전쟁 |
| 1841년(헌종 7) | 헌종, 국무 회의 주재 |
| 1843년(헌종 9) | 효현왕후 사망 |
| 1844년(헌종 10) | 헌종, 효정왕후와 혼례 |
| | 회평군의 옥사 |
| 1846년(헌종 12) | 병오박해, 김대건 신부 처형 |
| | 조만영 사망, 안동 김 씨 정국 주도 |
| 1847년(헌종 13) | 프랑스 군함 글로아르호 좌초 |
| 1848년(헌종 14) | 『삼조보감』 완성 |
| | 이양선 함경도 앞바다 출몰 |
| 1849년(헌종 15) | 헌종 사망 |

## 제25대 철종(재위 기간: 1849~1863)

| | |
|---|---|
| 1849년(철종 즉위년) | 철종 즉위 |
| | 순원왕후 수렴청정 |
| | 기유예론 |
| 1851년(철종 2) | 『헌종실록』 완성 |
| | 철종, 철인왕후와 혼인 |
| 1852년(철종 3) | 명복(고종) 탄생 |
| | 철종 친정 시작 |
| 1853년(철종 4) | 관서 지방 기근, 12만 냥 풀어 구제 |
| 1860년(철종 11) | 최제우 동학 창시 |
| 1861년(철종 12) | 『대동여지도』 제작 |
| 1862년(철종 13) | 임술 민란(단성·진주·익산·함평 민란) |
| | 이하전의 옥사 |
| 1863년(철종 14) | 철종 사망 |

# 제26대 고종(재위 기간: 1863~1907)

| | |
|---|---|
| 1873년(고종 10) | 흥선대원군 실각 |
| | 고종 친정 시작 |
| 1874년(고종 11) | 척(순종) 탄생 |
| 1875년(고종 12) | 운양호 사건 |
| | 척(순종), 세자 책봉 |
| 1876년(고종 13) | 조일 수호 조약 체결 |
| | 최익현, 「지부상소」 올려 조약 체결 반대 |
| | 일본에 제1차 수신사 파견 |
| 1880년(고종 17) | 일본에 제2차 수신사 파견 |
| | 『조선책략』 입수 |
| 1881년(고종 18) | 별기군 창설 |
| | 오영 폐지, 이영 설치 |
| | 중앙 군제 개편(십이사→칠사) |
| | 삼군부 폐지, 통리기무아문 설치 |
| | 영남 만인소 사건 |
| | 이재선 역모 사건(안기영 사건) |
| | 일본에 신사유람단 파견 |
| | 청나라에 영선사 파견 |
| 1882년(고종 19) | 임오군란 |
| | 순종, 순명효황후와 혼인 |
| | 조미 수호 통상 조약 체결 |
| 1883년(고종 20) | 조독 수호 통상 조약 체결 |
| | 조영 수호 통상 조약 체결 |
| 1884년(고종 21) | 갑신정변, 청나라군 개입 |
| | 조로 수호 통상 조약 체결 |
| 1886년(고종 23) | 조불 수호 통상 조약 체결 |
| 1892년(고종 29) | 백동화 발행 |
| 1894년(고종 31) | 동학 농민 운동, 일본군 개입 |
| | 청일 전쟁 |
| | 갑오경장 |
| 1895년(고종 32) | 단발령 실시 |
| | 러시아·프랑스·독일 삼국 간섭 |

|  | 명성황후, 인아거일책 주도 |
|  | 을미사변(명성황후 시해 사건) |
| 1896년(고종 33) | 독립협회 설립 |
|  | 「독립신문」 발간 |
|  | 아관파천 |
| 1897년(고종 34) | 대한제국 선포 |
|  | 고종, 황제 즉위 |
|  | 광무개혁 실시 |
|  | 연호 변경(건양→광무) |
|  | 만민공동회·관민공동회 개최 |
| 1899년(고종 36) | 한청 수호 통상 조약 체결 |
| 1902년(고종 39) | 제1차 영일 동맹 |
| 1904년(고종 41) | 순명효황후 사망 |
|  | 대한제국 중립 선포 |
|  | 러일 전쟁 |
|  | 러시아 국교 단절 |
|  | 한일 의정서 강제 체결 |
|  | 이승만, 미국에 특사로 파견 |
| 1905년(고종 42) | 가쓰라 태프트 밀약 |
|  | 제2차 영일 동맹 체결 |
|  | 러시아 황제에게 밀서 전달 |
| 1907년(고종 44) | 네덜란드 헤이그 특사 파견 |
|  | 고종 강제 퇴위 |

## 제27대 순종(재위 기간: 1907~1910)

| 1907년(순종 즉위년) | 순종 즉위 |
|  | 정미 7조약(한일 신협약) 체결 |
|  | 어제 보관, 종친부에서 규장각으로 이관 |
| 1909년(순종 2) | 안중근, 이토 히로부미 저격 |
| 1910년(순종 3) | 「대한민보」 발행 정지 |

「대한매일신보」 판매 금지
이완용 내각 출범
경술국치 조약 체결
대한제국, 일본에 국권 강탈

# 큰 글자로 읽는 세상의 모든 지식
## 〈살림지식총서〉

큰글자 살림지식총서 166

# 조선왕조실록 6 인물 해설 편

| | |
|---|---|
| 펴낸날 | **초판 1쇄  2021년 12월 31일** |

| | |
|---|---|
| 지은이 | **편집부** |
| 펴낸이 | **심만수** |
| 펴낸곳 | **(주)살림출판사** |
| 출판등록 | **1989년 11월 1일 제9-210호** |

| | |
|---|---|
| 주소 | **경기도 파주시 광인사길 30** |
| 전화 | **031-955-1350**  팩스  **031-624-1356** |
| 홈페이지 | http://www.sallimbooks.com |
| 이메일 | book@sallimbooks.com |

| | |
|---|---|
| ISBN | 978-89-522-4360-7  04080 |
| | 978-89-522-3549-7  04080 (세트) |

※ 이 책은 살림지식총서 528 『조선왕조실록 6』을
　　큰 글자로 만든 것입니다.
※ 이 책은 큰 글자가 읽기 편한 독자들을 위해
　　글자 크기 14포인트, 4×6배판으로 제작되었습니다.